放送大学叢書043

21世紀の女性と仕事

21世紀の女性と仕事　目次

若いときに、一九七〇年代から八〇年代のアメリカに暮らした。当時、アメリカの女性像は大きく変わろうとしていた。女性は家庭を第一に考え、結婚後は専業主婦として生活するのが理想だとされる社会から、結婚をしても働いて、キャリアを形成できる新しい社会へと向かっていた。

わたしがそのことに気がついたのはずっと後になってからだった。あまりにも静かに水面下で進行したため、当時はそれが革命と称されるほどの変化だとは、だれも思わなかったのである。アメリカで起きた女性像の転換と女性の社会進出は、のちに「静かな革命（Quiet revolution）」と呼ばれる。

やがてフランスやスウェーデンといった他の先進国でも、女性の社会進出が加速すると、静かな革命はアメリカ固有の現象ではなく、経済の構造変化が引き起こす、普遍的な現象なのではないかと考えられるようになった（エスピン＝アンデルセン、二〇一一）。つまりサービス経済化が進展した国では、既婚女性の社会進出と、家族の形の多様化が起こるのではないかと考えられたのである。

一九八〇年代の日本にも、その予兆がみられた。だとすると日本の経済社会にも同じような力が働き、女性の働き方や夫婦のあり方に変化を迫るだろう。

静かな革命後のジェンダー平等社会とはどんな社会なのだろうか。

それは、性別や国籍や宗教の違いなどを超えて、それぞれの違いが尊重される社会なのではないだろうか。その社会では、違いに価値を認めるとともに、その違いから生じるさまざまな摩擦を対話によって解決していくことになる。その過程で新しい価値が生み出され、イノベーションが生まれる。それが社会を発展させていくのだ。


八七年に帰国し、かれこれ三十年たったいま、日本に静かな革命は起きているか。

女性たちは相変わらず将来のキャリアを描ききれず、企業も女性をどう活躍させたらいいのか、その具体像を提示できていない。

変わらず育児との両立は難しく、離職後のキャリアは築きにくいままだ。女性の管理職は数十年前から諸外国と比べて非常に少ないことが指摘されていたが、いまも少ないままである。さらにシングルマザーの貧困が問題化するなど、格差はより拡大し、次世代に継承されている。

なぜ日本の女性は昇進しづらいと言われるのか、なぜ男女間で賃金に大きな格差があるのか、なぜ出産後に満足のいく仕事を続けられる女性が少ないのか。日本でも静かな革命が起きているとしたら、諸外国に比べてそれがあまりに小さな変化であるのはなぜなのか。それを解明するために書いたのが、本書である。

時代が大きく変わるなか、過去から現在を考えるのではなく、未来から現在を考える時代が来ている。その意味で、日本より早く変化を経験しているアメリカの働く女性をめぐる変化を知ることは大きな意味があると考え、本書ではアメリカと日本を比較しつつ話を進めていくことにする。

本書が日本で働き、自分を生かす方法を模索する若い世代に、これからを考えるうえでの材料を提供できれば、このうえない喜びである。

◉第一章

アメリカと日本の「静かな革命」

一．「静かな革命」とは何か

働く女性たち

アメリカでは一九七〇年代から八〇年代にかけて、結婚か仕事かという二者択一の選択をするのではなく、家庭も仕事も両立させるという、これまでにない新しい生き方をする女性が増えていった。この変化は、のちにヨーロッパなどの先進国にも広がっていく。これを「静かな革命」という。

静かな革命はいまの日本においても水面下で進行している。これからの日本の女性の働き方は、アメリカと同様に変わっていくのだろうか。今後日本で起きる働き方の変化を予測するためにも、静かな革命によって、アメリカの女性の労働環境やジェンダー意識がどう変化したのかを追っていく。まずは第二次世界大戦前後のアメリカにおける既婚女性の労働参加の変遷を、日本との比較でみてみよう。

自営業から雇用者へ

静かな革命とは何だったのか。静かな革命は「働く既婚女性」が増えることだ、という説明では不十分である。なぜなら多くの既婚女性が働くということは、いまになってはじまったわけではないからだ。

一般に経済の発展と女性の就労は、以下のような関係にあると考えられている。農業が中心の社会では、既婚女性が自分の畑で農作業をすること、つまり自営業者として働くことは当たり前であった。ところが社会の工業化が進み、都市に人口が移動するようになると、既婚女性は家庭に入り、その多くは主婦として暮らすようになる。そしてさらに経済が発展し、サービス業が経済の中心になってくると、既婚女性が会社に雇われるという形で、家の外で雇用者（会社、団体、官公庁、あるいは個人経営の事業体に雇われ働いている者）として働くようになる。

つまり経済の発展と既婚女性の労働力率（義務教育を終えた総人口における、就業者と求職中の失業者の占める割合）はU字の関係にある（Durand, 1975）。U字の前半部分では、女性は農家で働くことが多く、働く場所と家とが離れていなかった。しかし後半部分では、働く場所が家から離れた職場に変わっていく。すなわちU字の左側は、自営業や家族従業者（自営業主の家族でその業種の営む事業に従事している者）の構成比が高く、右側は雇用者によって占められている、ということになる（図1-1）。

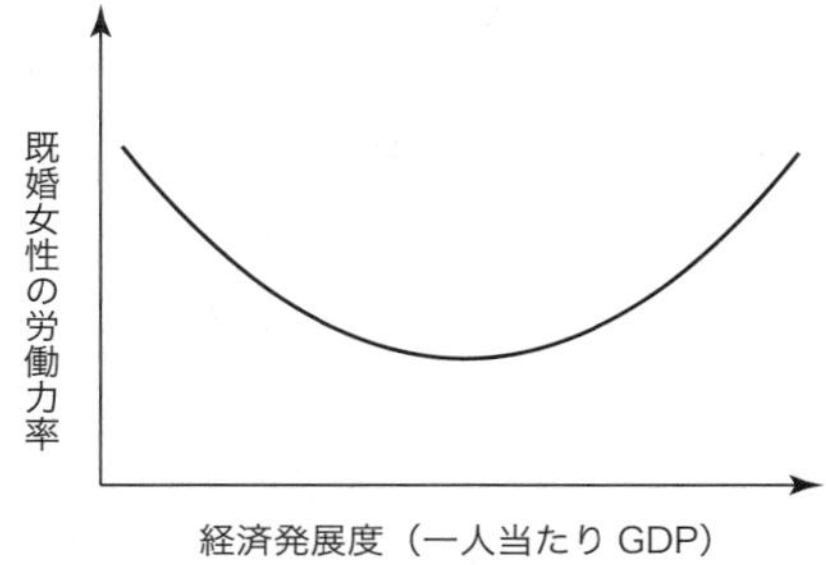

図1-1　既婚女性の労働力率と経済発展のU字型の関係

アメリカで起きた静かな革命は、女性が主婦として暮らすことが当たり前であった社会から、雇用者として働く社会への変化、つまりU字の底から、U字の右上へと線を伸ばしていく変化であった。

こう考えると、静かな革命は「働く既婚女性」が増えたことにはじまるのではなく、「雇用者として働く既婚女性」が増えたことによりはじまったといえる。この区別は日米比較をするときに重要になる。

前置きが長くなったが、次にアメリカの女性がどのように社会進出していったのかをみていこう。

二 アメリカの女性労働の変遷

ゴールディン（Goldin, 2006）は、十九世紀末から現在までのアメリカの女性労働の変遷を、その発展の特徴によって四つの段階に区分している。①十九世紀末から一九二〇年代まで、②一九三〇年代から一九五〇年代まで、③一九六〇年代から一九七〇年代の中頃まで、④一九七〇年代中頃から現在までの四つである。

図1-2は、この四つの区分のうち②から④の区分に沿って、アメリカの女性労働力率の変化を年齢別にみたものである。一九四〇年では、二十～二十四歳をピークに、労働力率は右肩下がりになっている。その後一九六〇年には十八～十九歳で一度ピークを迎えた後、四十五～五十四歳にもう一度労働力率が上がっていて、労働力率がM字型になっている。そして第四段階の一九八〇年では、谷がなくなり台形型へと変化する。

ちなみに、日本の女性労働力率は長い間M字型であり、それが日本の女性労働の特徴といわれてきたが、二〇一七年になってようやく日本でも、年齢別女性労働力率のM字型から台形型への変化がみられるようになった。図1-3は、総務省が二〇一

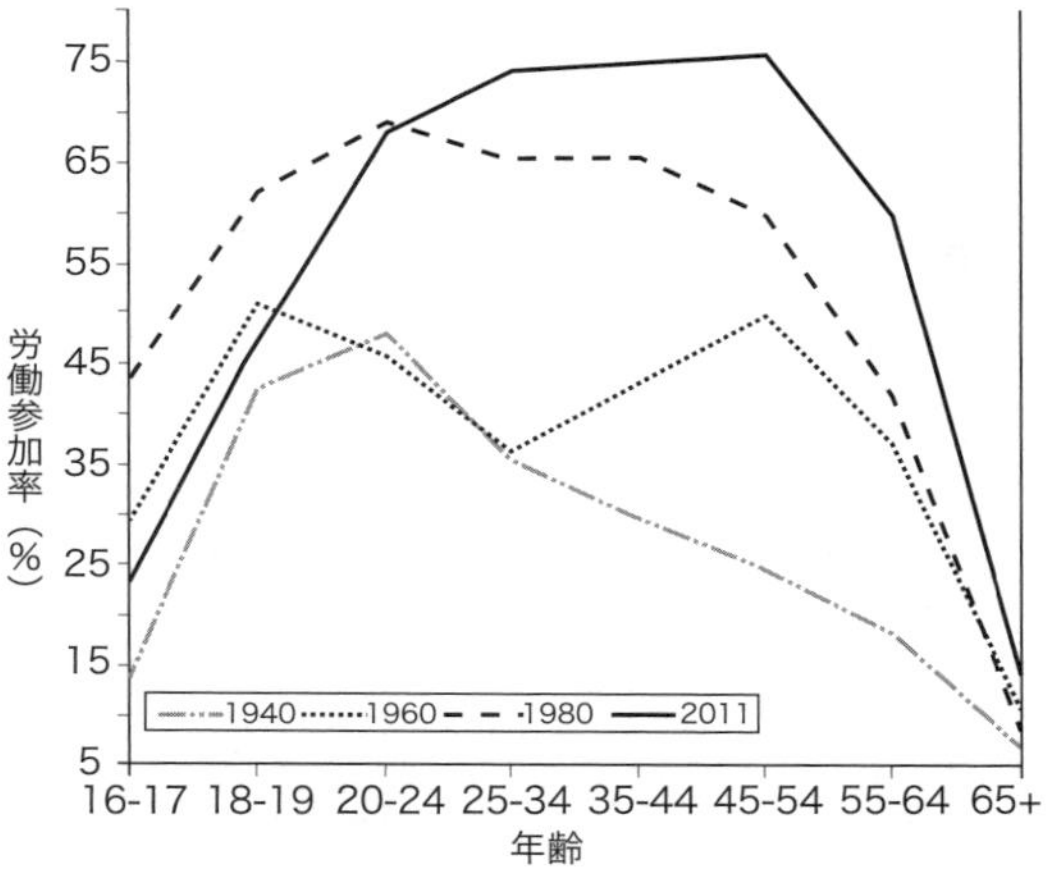

（出典）Blau, Francine D., Marianne A. Ferber, and Anne E. Winkler（1998）

図1-2　アメリカの年齢別女性労働力率の推移

八年一月に発表した労働力調査の結果である。二〇一七年の労働力率の変遷をみると、三十～三十四歳の女性労働力率は三十年前には五割程度だったが二〇一七年では七五・二％と、四十～四十四歳の七七％と同じ水準となっており、日本でもM字型から台形型に変化しつつあることがわかる（日本経済新聞、二〇一八年二月二十三日）。

アメリカでは、すでに一九六〇年から八〇年にかけて、出産年齢人口の三十代の女性を含め、女性たちが仕事を継続するようになっていったのである。こうした変化がアメリカ

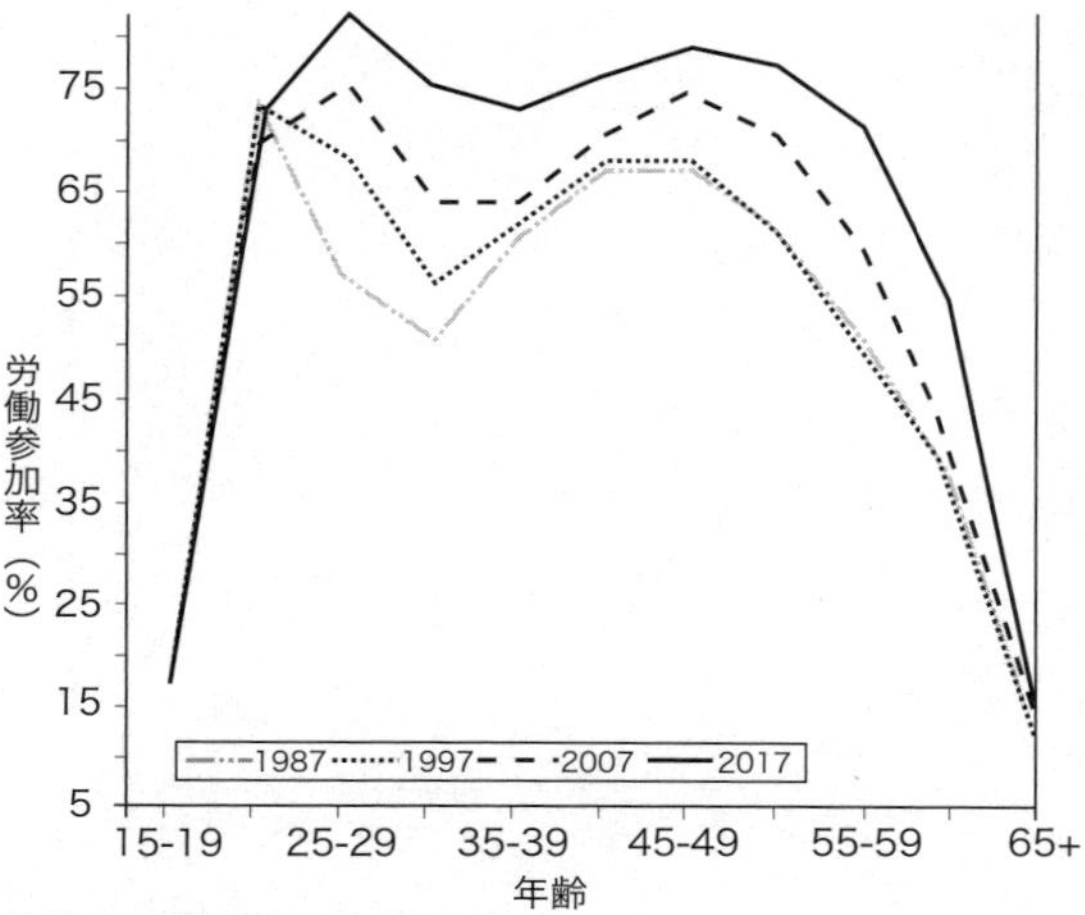

（出典）日本経済新聞（2018年2月23日）

図1-3　日本の年齢別女性労働力率の推移

での静かな革命を示しているといえる。

では各年代でどのような変化があったのか、ゴールディンの区分に沿ってみていこう。

第一段階　十九世紀末から一九二〇年代

十九世紀末から二十世紀の初頭にかけて、アメリカの働く既婚女性の多くは製造業で賃労働に従事する若い女性たちであった。経済的な事情で働かなければならない労働者階級の女性たちか、あるいは奴隷として白人家庭に雇われた黒人女性であったとされる。しかし奴隷女性の数については信頼性の高い公的な統計がなく、統計の数値に含まれていないために、既婚女性の労働力率はきわめて低く見積もられているという。たとえば十五歳以上人口に占める既婚女性の労働力率は一九〇〇年で白人に限れば三・二%、有色人種では二六%であり、一九二〇年では前者が六・五%、後者が三二・五%と低くなっている。一方独身女性の労働力率は、一九〇〇年と一九二〇年で四三・二%と四三・一%、白人に限ると四一・五%と四五%と比較的高い。

なお独身女性の仕事の内容は、織物工場などでの単調な作業であり、劣悪な環境で長時間労働させられていた。そのため働く女性に対するイメージは好ましくなく、結婚を機に就業をやめ、家庭に入ることを望む女性がほとんどであったといわれている(Goldin, 1990)。

第二段階　一九三〇年から一九五〇年代

一九三〇年ころになると、女性の高等学校への進学率が上昇する。この時期にタイプライターが発明され、高等学校でタイピストのための職業教育プログラムが導入されるようになる。さらにタイピストの資格をもった女性たちが事務職に従事しはじめる。若いときから会社に雇用されて働く女性が増えるとともに、女性が働くことに対する社会のイメージが好転していった。

とはいうものの、戦前は結婚後に働く女性はそれほど多くなかった（Goldin, 1990）。当時の女性の典型的な仕事であった事務職や教職において、結婚した場合には退職しなければならないとする、結婚退職制度（Marriage Bar）があったからだ。しかし三〇年代に世界大恐慌の影響で出生率が下がり若年労働者数が減少したことに加え、進学率が上昇したこと、さらには結婚年齢が早くなり、独身女性の労働力が不足したことが要因となって、後にこの制度は廃止された。

第三段階　一九六〇年から一九七〇年代前半

この時期に、アメリカの既婚女性の労働力率が大幅に上昇する。背後には、経済の中心が自動車や家電製品などの製造業から、教育や金融、販売などの各種サービス業にシフトしたことがある。経済の構造変化に合わせて、女性の仕事も製造業から、事務職、サービス職へと変わっていった。

一九七〇年のアメリカにおける女性の職種別就労割合をみると、生産労働者の割合は一三・二％であるのに対して、事務職が三一・二％、サービス職は一九・七％と高くなっている。

ちなみに日本は製造業に既婚女性の割合が高く、この点は欧米諸国と異なる。日本では戦後の高度成長期に、製造業に従事する男性の労働力が不足した。その際生産工程を改良し、男性ほど筋力がない女性でも作業ができるようにすることで、労働力を確保したのだ。既婚女性が製造業のパートタイム労働者として働いたのである。

一方この時期のアメリカでは、まず若いときに事務職で働いていた女性たちが労働市場に戻ってくることによって、四十五～五十四歳層の労働力率が増加する。また三十五～四十四歳層の労働力率の増加もみられるようになる（図1-2参照）。

若い女性の教育投資が格段に増えたことも特徴だ。女性の高学歴化が進み、高学歴女性の労働力率が高まった。その結果、働いている女性の教育年数は、働いていない女性も含めたアメリカ人女性の平均教育年数を上回るようになる。

さらに、子育てをしながら働く女性が増えるにしたがって、短時間勤務（パート就労）という新しい働き方が提供されるようになる（Smith, 1979）。ちなみにここでいう短時間勤務とは、日本の正社員短時間勤務のことで、日本の製造業で働く非正規パートタイム労働者とは異なる。この点は実は重要な違いなのだが、第二章と第四章でさらに詳しく述べたい。

一九六〇年にはアメリカの働く女性の二八%が短時間就労をしており（一九四〇年では一四%）、女性労働者の割合の高いセールス部門では、その割合は四〇%にものぼった（Goldin, 2006）。

このころの女性の多くは二十代前半ですでに結婚しており、結婚前の就業は短期間で、その後職業に自己のアイデンティティを持つまでには至らなかった。そして結婚してからは、母親としてのアイデンティティが形成される。また結婚後の女性の就業は、夫の収入が少ない場合に多くみられ、夫の経済状況に大きく影響を受けていた。そのため女性の社会進出の増大は、社会全体の価値観に影響をおよぼさず「男性は仕事、女性は家庭」という男女の分業は大枠で維持された。あくまでも妻は、家計において二次的な役割を担った労働者（secondary worker）であった。

こうした状況を変え、アメリカの企業で女性の活用が本格的に進むのは、以下で述べる一九七〇年代以降、静かな革命後である。

第四段階　一九七〇年代後半から現在

第四段階の静かな革命期になると、女性の社会進出の進展の影響は、社会の根底の価値観にまでおよび、ジェンダー意識に大きな影響を与えるようになる。ちなみにここでいうジェンダーとは、社会的、文化的に作られる性別、性差のことをさす。この時代については次の章で詳しくみていくため、ここでは変化を大枠で捉えておこう。

具体的には以下のように変化した。①既婚女性の社会進出を目の当たりにした次の世代の女性たちは、自身の人生の将来予測に自己投資をし、働いてキャリアを築くことを組み込むようになる。②次第に女性たちは母親であることだけではなく、仕事人としてのアイデンティティを持つようになる。③男女ともに働く共働き社会になり、夫婦関係は「男性は仕事、女性は家庭」という分業制から、お互いに相談しつつ役割分担をしていくパートナーシップが前提となった。キャリア形成も家計の意思決定も、夫婦一緒に行うようになったのである。

一九七〇年代にアメリカでおきた静かな革命は、女性の社会進出を促した。そして女性は個人として活躍できる領域を大きく広げていったのである。

日本とアメリカで大きく異なる点は、日本ではこの第四段階の、ジェンダー意識にまで影響を与えた変化がアメリカほど顕著にみられず、多くの女性にとっていまも、結婚後のキャリアを築くことが難しい状況にあるという点である。

三．日本の「静かな革命」

女性労働力率の変遷

では日本の女性労働はどのように変化しているのだろうか。

日本の女性の女性労働力率（十五歳以上の人口に占める全女性労働者の割合）をみると、一九八五年の四八・七％から、二〇一六年の五〇・三％へと若干増加しているが、アメリカのような顕著な増加傾向は数字上には表れてこない。これには、日本では昔から個人事業主や家族従業者として働く人が比較的多かったことが関係している。

また、雇用者として働く既婚女性だけをみると、その割合は増加している。図1－4は、日本の既婚女性の雇用就業率（十五歳以上の人口に占める、雇用就業者として働いている人の割合）をみたものである。一九八五年には既婚女性の雇用就業率は二九・九％であったのが、二〇一六年には四五・五％へと約五割も増大している。静かな革命とは単に働く女性の増加を表すのではなく、雇用者として働く女性の増加であったことを思い

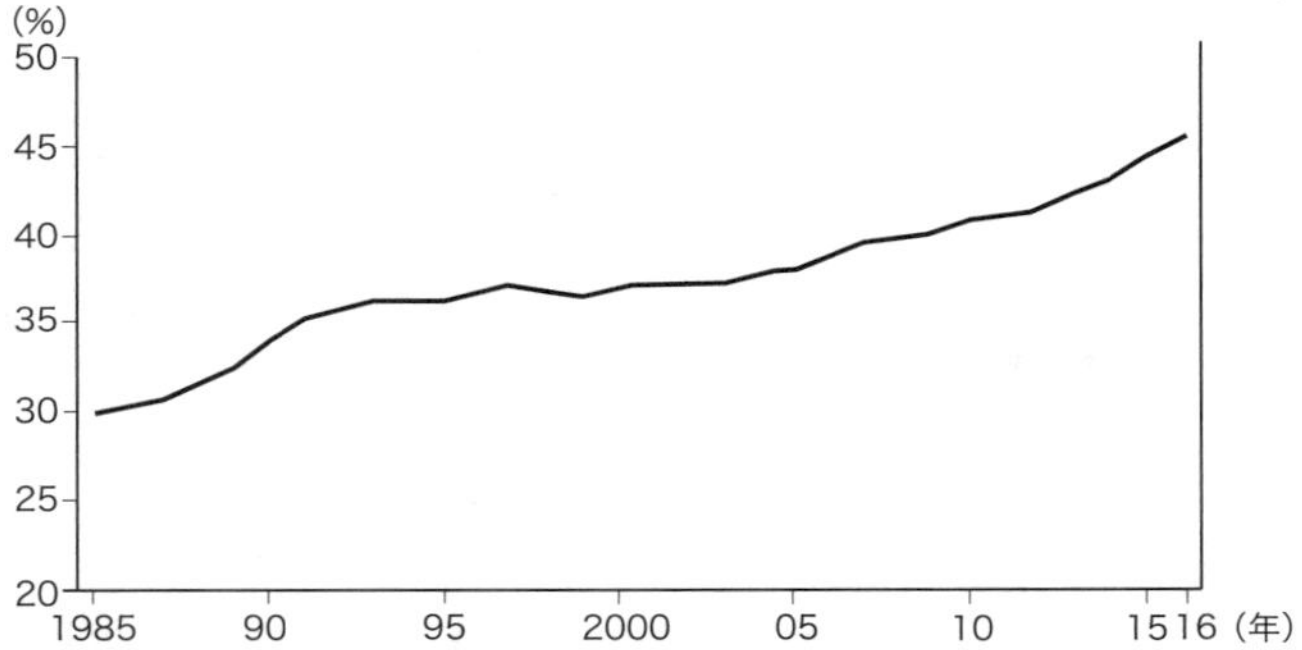

（注）2011年比率は岩手県、宮城県及び福島県を除く全国の結果
（出所）労働省婦人局「平成3年版婦人労働の実情 付表16」、厚生労働省「平成19年版働く女性の実情 付表21」、「平成27年版働く女性の実情　付表23」より

図1-4　日本の既婚女性の雇用就業率

出して欲しい。

また十五～六十四歳人口に限って女性労働力率を計算すると、二〇一五年では六七％でアメリカを追い抜き、二〇一七年では、六九・四％と過去最高を更新するとともに、フランスを上回った。

このように、働く女性の数は増加を示しており、他の先進国と比較しても遜色ない水準にまで到達している。また雇用者として働く女性も増えている。このことから、日本にも静かな革命は訪れつつあると考えられる。

なぜ女性は働きはじめたのか

では、女性労働力率の上昇はなぜ起きたのだろうか。

国勢調査のデータをもとに、一九八〇年から二〇一〇年の女性労働力率の増加の要因を分析したレイモと福田の研究（二〇一六）によると、この間の増加の三分の一は、晩婚化や非婚化といった結婚の変化によってもたらされており、残りの三分の二は、同じ年齢層において以前よりも就業を選択する女性が増えたことによってもたらされているという。さらに年齢別にみると、二十五～三十九歳層では、晩婚化や非婚化といった結婚の変化によって増加の約半分が説明されるのに対して、四十五～六十四歳層では、増加のすべてが就業行動の変化によって説明されるのだという。

また内閣府の発表する「仕事と生活の調和（ワーク・ライフ・バランス）レポート2017」によると、一人目の子供を出産後も就業を継続する女性の割合は、二〇〇〇年から二〇〇四年にかけて出産した女性では三九・八％であったのに対して、二〇一〇年から二〇一四年にかけて出産した女性では五三・一％になっており、一三・三％増加している。

ここから、M字の底が上がったのは晩婚化や非婚化といった結婚の変化に加えて、出産後も継続して就業する女性が増えたことの、両方の要因によってもたらされていると考えられる。

教育と就業の関係

興味深いのは、高学歴女性の就業率の増加が相対的に大きく、それが女性の労働力率の上昇に大きく寄与していることである。

長い間日本では、中高年の女性に関して、教育水準と就業との相関があまりないことが指摘されてきた（Higuchi, Waldfogel, and Abe, 1999）。また、八〇年代における子育てがひと段落した高学歴女性の労働力率の上がり方は、それ以外の女性の労働力率の上がり方よりも低いため、高学歴女性は、出産後は仕事よりも子育てを優先する傾向があると考えられてきた。しかし二〇〇七年では、いま述べた学歴間格差は消滅している（厚生労働省「働く女性の実情」、二〇〇九）。

そして前述のレイモと福田の分析では、八〇年代後半から顕著になった女性の高学歴化が、晩婚化や非婚化という形で二十〜三十代の女性の就業率の増加につながっているだけではなく、四十代以降の女性の就業率の上昇に寄与していることが明らかにされている。教育と就業については第七章で詳しく論じたい。

四．日本の静かな革命の限界

男女間賃金格差の推移

このように、日本にも静かな革命が起きていることがわかる。しかしそこからさらに進んで、男女平等な社会を形成するに至っているかというと、そうは言い切れない。女性の労働力率は大きく増加しているが、大きな男女間賃金格差が依然として残っている。女性が高学歴化しても、入社後に女性人材を育成し、うまく活かすことには成功していないのだ。

図1－5は、残業手当などを除いた給与を男女で比較したものである。一九八五年では女性は男性の六割程度しかもらえていなかったが、二〇一五年には七二・二％へと二割増加した。

とはいうものの、二〇一三年のOECD加盟三四ヵ国の男女間賃金格差を見ると、日本は一位の韓国についで二位で、最も格差の大きな国としてランクインしている。一位の韓国では男女間賃金格差は三六・六％と大きく、それについで大きいのが日本の二六・六％である。

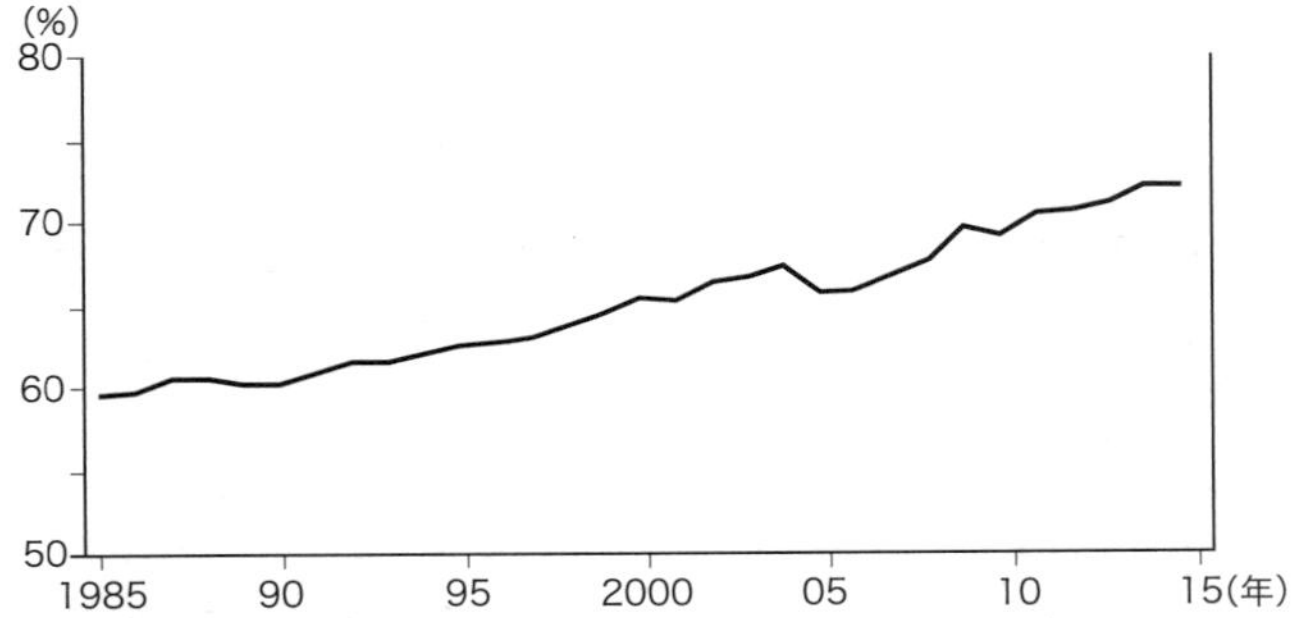

（出典）厚生労働省『賃金構造基本調査』より作成

図1-5 日本の女性の市場賃金率（対男性比）

一九七五年の日本の男女間賃金格差は四〇%を超えていたことを考えると、格差は縮小しているといえる。しかし同様の格差があったアメリカやイギリスは二〇一三年までに一七%に格差を縮小させている（OECD「男女賃金格差ランキング2016」）。

なぜ日本では依然として大きな賃金格差があるのかについては、第五章で詳しく論じることにしたい。

出生率の変化

一人の女性が生涯に産む子供の推計人数である合計特殊出生率は、二〇一六年には一・四四で、前年から〇・〇一ポイント減少した。一九八五年には一・七六から二〇〇六年には過去最低の一・二六にまで減少したが、その後二〇一五年には

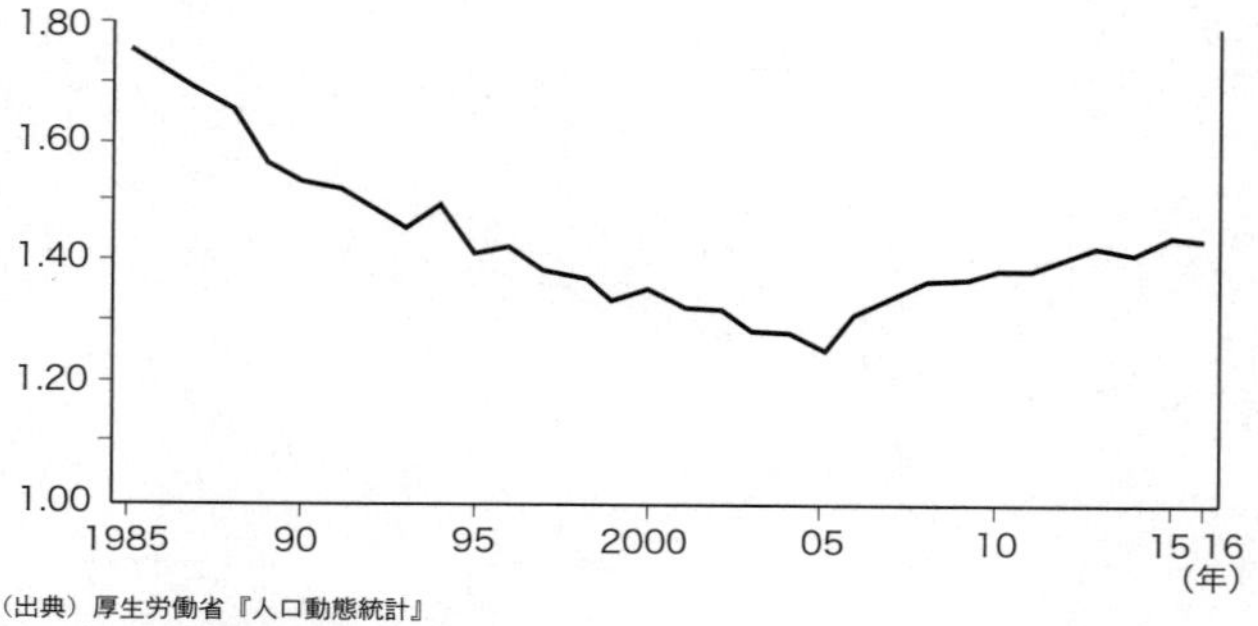

（出典）厚生労働省『人口動態統計』

図1-6　日本の女性の合計特殊出生率

一・四五にまで回復している（図1－6）。

しかし、二〇〇六年以降の出生率の回復は、晩婚化によって出産のタイミングがずれた女性の出産が増加したことによる影響である。そのためこのタイミング効果は短期的に出生率を上げることはあるが、長期のトレンドには影響しない。つまり長期的には出生率は低い水準にとどまるとみられている。

出生率の低下の要因は、出産以前に婚姻率そのものが低下したことと、結婚しているカップルの間で、産む子供の数が減少していることの二つに分けられるが、最近の出生率の低下は、そのうちの婚姻率の低下と晩婚化の影響が大きいと考えられている。どうしてそういえるのか。

出生率が低下した一九七二年から二〇〇六年

までに結婚したカップルから生まれた平均の子供数は、二・〇を上回っており（出産動向基本調査）、大きな変動はみられない。反対に、出生率の上昇した二〇〇六年以降は、夫婦の産む子供数が減少し、二・〇を割り込んでいる。このことから、結婚しているカップルの間で産む子供数が減少したことは、全体の出生率の低下にあまり影響をしていないと考えられる。

一方、婚姻率は一九七二年をピークに減少している。七〇年代前半には毎年一〇〇万組が結婚していたが、その後減少傾向が続き、二〇一一年からは六〇万組にまで低下した。さらに平均初婚年齢も、七五年には男性が二十七・七歳、女性は二十五・一歳であったのが、二〇一六年には男性が三十・一歳、女性が二十九・四歳と晩婚化が進むとともに、男女の年齢差が縮小し、個人差も拡大していることから、結婚適齢期という言葉が死語になっている。

以上のことから、非婚化と晩婚化が女性の労働力率を高めるとともに、出生率の低下をもたらしていることがわかる。

ここまでみてきたように、日本の女性労働力率の上昇や、女性の高学歴化から、日本においても静かな革命が起きている可能性が高い。一方で、男女間賃金格差は解消されず、出生率も低いままだ。子供を育てることと仕事（キャリア）の両立ができる社会が本当に日本にきているのだろうか。

アメリカでは出生率は一時期低下したものの、その後は人口を維持するために必要な出生率（二・〇八）程度にまで回復している。他方、日本は回復の勢いも弱く、依然として出生率が低い水準にとどまっている。

アメリカではどうしてこのようなことが可能なのか。出生率が回復した国とそうでない国の違いは何なのかについては第三章で述べる。

しかしその話に移る前に、静かな革命が起こした変化の実態を、経済理論を用いて、より大きな視点からみてみよう。なぜ女性たちは結婚後も働くことを選択するようになったのか。そしてその結果、出生率が低下するのはなぜなのか。この現象を説明するためにどのような理論が構築されたのかを概観するとともに、このような変化がアメリカの勤労世帯の所得や貧困問題にどのような影響を与えたのかについて述べる。

◉第二章

労働経済理論とその見落とし

一. 既婚女性の労働供給理論

J・ミンサーの労働供給理論

アメリカで働く女性が増えはじめた時期、既婚女性の労働研究において新たな地平が切り拓かれていった。なぜ女性たちは、結婚してからも雇用者として働くことを選択するのか、という問いに答えを出すためだ。

既婚女性がなぜ労働参加するのかについて、理論化の先鞭をつけたのは、J・ミンサーである。

アメリカの既婚女性の労働力率は、ある一時点でみれば、夫の所得水準が高いほど低い。長期的にみるとアメリカの勤労者の所得は戦後上昇しているので、理論的に考えれば、妻の就業率は低下するはずである。しかし実は、夫の所得水準は上昇しているにもかかわらず、妻の就業率も上昇している。J・ミンサーはその理由を、自身の市場賃金率の上昇に対して妻がプラスに反応しているからだとした。どういうことか。

既婚女性が働くかどうかを決定するのは、夫の所得によるマイナスの効果（所得効果）と妻の市場賃金によるプラスの効果（代替効果）の二つによって決まるとされている。J・ミンサーは一九六二年に発表した論文で、この二つの効果のうちの代替効果が所得効果を上回り、既婚女性を家庭から職場に引き出したことを実証した。ここでの代替効果とは、女性の市場賃金が高くなると、労働時間を増やすことで得られる収入が増えるので、女性が家事や育児時間を減らし、その代わりに労働時間を増やすという意味だ。

余談になるが、J・ミンサーのパートナーは医師として働きながら子供を育てていて、当時にしては先駆的な女性だった。ミンサーはそのパートナーに自分の考えを話したところ、「当たり前じゃない」と一笑に付されたので、自分の理論が正しいことを確信したという。

家庭では家事・育児時間を労働時間に代替するために、以下の三つの代替方法を選択すると考えられる。①保育園や家事代行サービス、自治体のファミリーサポートなどの外部サービスを利用すること。②家電製品を購入して家事時間を減らすこと。③夫が家事や育児時間を増やすこと。

いまでこそ全自動洗濯機など家事時間を短縮できる家電製品が数多く販売されるようになったが、六〇年代のアメリカにおいて家事は重労働であった。テクノロジーの発展によって、家事が簡素化されたことも既婚女性の社会進出を進めたといわれる。

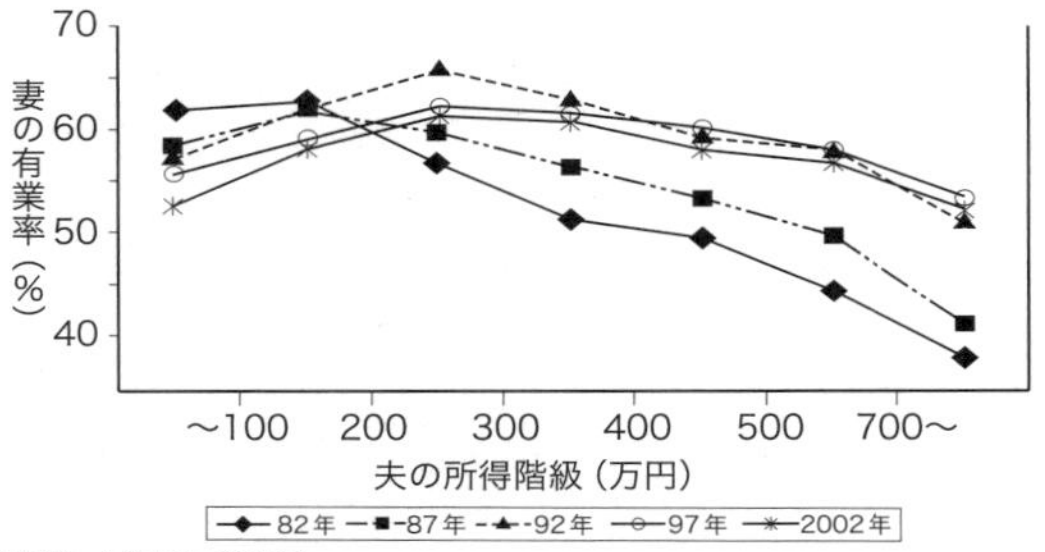

（出典）大竹文雄（2006）

図2-1　夫の所得階級別妻の有業率

日本の既婚女性の就労と夫の所得

J・ミンサーの理論は、日本の既婚女性の就業にも当てはまる。

図2−1は、日本における夫の所得と妻の有業率との関係を一九八二年から二〇〇二年にかけてみたものである。一九八二年では夫の所得が高いほど妻

の有業率は低くなっている。ところが時代の変化とともに、この関係は弱くなってきている。九七年以降はほとんど相関がなくなっている。夫の所得水準の影響を弱めているのが、妻の市場賃金率の上昇である。最近になるほど、夫の所得の多寡に関係なく、市場賃金の上昇に反応して働くことを選択する既婚女性が増えていると考えられる。

ちなみに日本では、J・ミンサーの理論と同様のことを「ダグラス＝有沢の法則」と呼んでいる。この法則では、世帯主の所得が低いほど他の家計構成員の有業率が高い（第一法則）、世帯主の所得を一定とすれば、家計構成員の所得が高いほど有業率も高くなる（第二法則）、さらに、男性世帯主の有業率は賃金の変動にあまり影響を受けない、という三つの法則が成り立つと考えられている。

ミンサーの労働供給理論は、ダグラス＝有沢の第二法則に当たり、女性の給与が高くなるにつれて働く女性が増えると考えられる。

二．ベッカーの新家庭経済学

新家庭経済学

このミンサーの提示した既婚女性の労働供給理論をさらに発展させたのが、G・

ベッカーである。

既婚女性の労働参加が加速し、それにともなって出生率の低下が顕著になる一九六〇年代になると、労働経済学の分野においても、女性の社会進出と出生率の低下の関係を説明する理論が誕生する。のちに「新家庭経済学」と名付けられた理論を作ったベッカーは、その功績によってノーベル経済学賞を受賞している。

ベッカーは家庭内で行われている家事労働や育児などを生産活動とみなし、企業が資本と労働を投入して財を生み出すように、家庭内でも、夫と妻が生活時間と市場財とを組み合わせて、家庭内生産物を生産していると考えた。たとえば読書は、本という財と読書時間を組み合わせることによって成り立つ活動といえるし、食材と調理時間を組み合わせることで料理が出来上がる。こうした家庭内生産によって生み出される財を夫と妻が一緒に消費することで、家族は満足を得ている。

この理論の鍵は家庭で行われている無償労働に値段をつけて、その経済価値を見える化し、女性の市場賃金率が上昇すると、これまで女性が担っていた家事や育児の価値も上昇するため、仕事と家庭の時間配分が変わることを理論的に示した点にある。

家事は無償労働か

この理論の貢献を、いまの日本の状況に当てはめて説明してみよう。

二〇一七年に放映された人気テレビドラマ『逃げるは恥だが役に立つ』では、大学院卒の主人公みくり（新垣結衣）が、高学歴SEの三十代独身男性、津崎（星野源）のもとで契約結婚をして、家事代行をするうちに、さまざまな人間ドラマが展開する。このとき、みくりに支払われる家事代行の報酬は、月一九万四〇〇〇円と決められた。その後二人は恋に落ち、津崎はみくりに正式に結婚を申し込む。そのプロポーズで、結婚すれば家事代行サービス、つまりみくりに支払っていた金銭的負担が減るため、経済合理的ではないかと示唆する津崎に、みくりは「それは好きの搾取だ」と言って反発し、二人の間の溝が表面化する。

二人ともお互いが好きなのにもかかわらず、二人の溝は埋まらない。その理由は家事労働に対する評価の違いからくる。津崎は、暗黙のうちに妻の家事労働は無償だと考えている。これは伝統的な夫婦の役割分業を前提とした価値観だ。それに対してみくりは、「わたくし森山みくりは、愛情の搾取に断固として反対します」と疑義を申し立てる。これは結婚すれば必然的に起きる「無償労働」とは何かを問いかけた、優れて社会的なドラマである。

他方、現実には女性が働くことが当たり前の社会になると、家事や育児にもプラスの経済価値が付与される。このドラマでは、家事の経済価値は月一九万四〇〇〇円と設定されているが、新家庭経済論では、妻が家事労働や育児をする代わりに働くことで得られる所得が、妻の行う家事の経済価値になる。

そのため女性の市場賃金率が上昇するほど、家事の経済価値も上がるというわけだ。もちろん家庭で行われる無償労働には、経済的価値では評価できない無限の価値があることは言うまでもない。

社会生活基本調査（二〇一六）によると、夫婦と子供のいる世帯の専業主婦の平均家事時間は一日平均約八時間。それに対して女性の時間あたりの平均賃金は約一六〇〇円であるので、平均的に見ると月二五万六〇〇〇円の計算になる。妻が専業主婦になると、家計は月二五万六〇〇〇円の目に見えない支出をしていることになる。

夫婦間での時間の再配分

それでは働いている妻と夫との間でどう溝を埋め、価値観を擦り合わせればいいのだろうか。

新家庭経済学では、夫婦間の仕事と家事時間の配分を見直すと同時に、家事の外部化や時短型の家電製品を購入し、妻が労働時間を増やすことで、新しい均衡点に到達すると論じる。しかし家事に比べて育児は妻の時間を要求し、他の家事労働に比較して他の人に代替しづらい。そこで妻がキャリアを追求する場合には、夫婦が希望する子供数も少なくなると考えたのである。

ここから、既婚女性の労働参加と出産の決定はそれぞれが別に決定されるものではなく、相互に影響をもたらして決定されることがわかる。また、その変化をもたらしているのは、男性に対する女性の市場賃金の相対的な増加である。

フェミニスト経済学による「新家庭経済学」批判

しかしいま述べた新家庭経済学の理論的なアプローチに対しては、批判も寄せられている。フェミニスト経済学では、新家庭経済学では無償労働の社会的意味や、そこから派生する生活水準が十分に理論に反映されていないと批判している（原、二〇一六）。

事実、九〇年代になると、男女間の賃金格差は縮小しているにもかかわらず、一部の先進国の出生率は反転して上昇をはじめるなど、新家庭経済学の理論予測に限界があることも明らかになってくるのである。

後述のように、最近の研究では、無償労働の男女間の平等化が進展したことが、出生率の回復に寄与したという議論と実証が進められている。また、男女間賃金格差が大きい場合には、男性が働き女性が家で家事を行うという、夫婦の分業を合理的とするベッカーの理論的な帰結に対しては、痛烈な批判が寄せられている。

新古典派の経済理論をベースとした新家族経済学は、六〇年代から七〇年代にかけての既婚女性の社会進出の増大と出生率の低下を説明する理論として大きな貢献をしてきた。

しかしその後の研究の焦点は、夫婦の家事や育児の分担のあり方や男性の働き方に関する研究などにシフトしてきているのである。

三．新家庭経済学が見落としたもの

新家庭経済学は、女性の高学歴化とその後の職場進出がなぜ起きたのかを説明する理論として誕生した。大学ではスーツで身を包んだ女性たちが、経営大学院や法律大学院に入学し、颯爽とキャンパスを歩く姿が多く見られるようになるにつれ、新しい時代が幕を開けように思われた。

しかし、八〇年代の終わりには、アメリカの所得の伸びは鈍化したにもかかわらず、住宅の価格や教育費などは高騰しており、それに追い打ちをかけるよう税負担が重くなり、同じ生活水準を維持するために、夫婦双方の所得が必要な社会が訪れていた（大沢、一九八九）。

労働経済理論が見落としていた経済の負の変化と、女性の社会進出との関係についてみていく。

男性所得の減少と共働き社会の到来

アメリカでは一九七〇年代の半ば以降になると、女性の高学歴化に拍車がかかり、女性の市場賃金率と同時に、年収額も上昇するのだが、男性の年収の伸びが見られなくなる（図2－2）。男性の所得の伸びが低迷しているのは、第一次オイルショックで、アメリカの製造業が国際競争力を失い、これまで男性が担っていた製造業での生産工程の仕事が減少したことが大きい。他方、就業機会の中心はサービス部門に移行した。

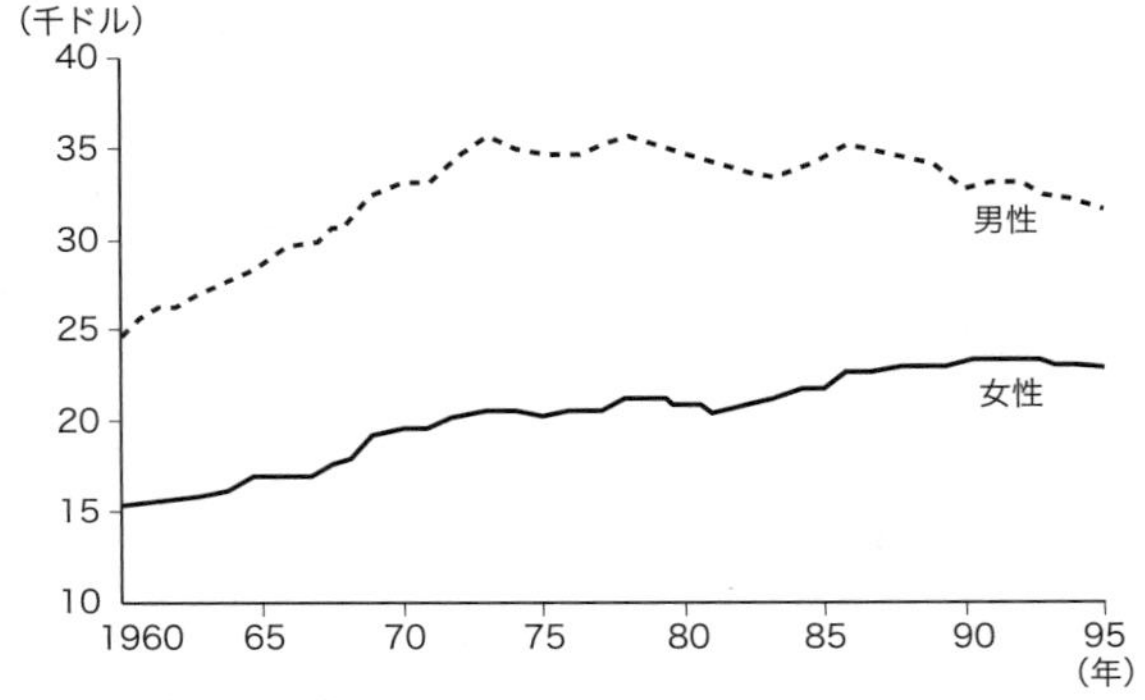

（出典）大沢真知子・原田順子（2006）

図2-2　アメリカの男女別実質年収額の中央値の推移（フルタイム労働者）

ここでは、高度な知識に加えて、人づきあいのスキル、コミュニケーションのスキルや忍耐力などが要求される。女性の方がこのような資質を持っている人の割合が多く、結果として、女性の就業が拡大し、女性の年収も女性の高学歴化とともに上昇している。

このような経済変化を背景にアメリカでは、一九七〇年代半ばから八〇年代の半ばにかけて、共働き世帯と片働き世代の間の所得格差が拡大した。

図2－3は、共働き世帯と片働き世帯の所得の中央値が、一九五四年から八六年にかけてどのように変化したのかをみたものである。一九五四年から第一次オイルショックのおこった一九七三年までは両者がともに上昇

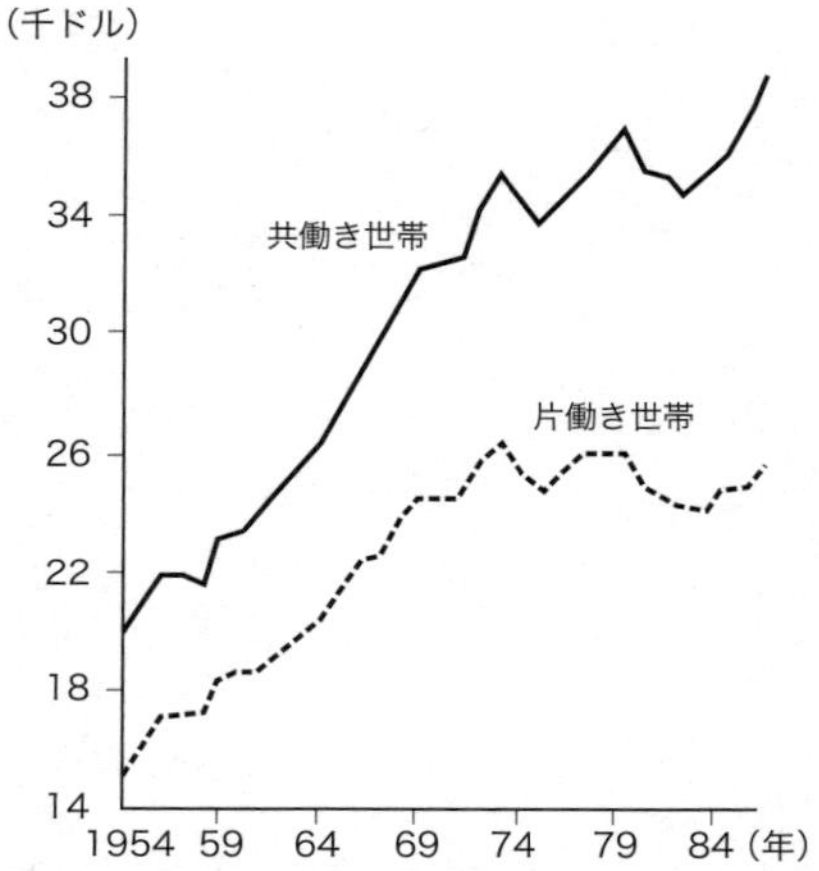

(出典) U.S. Bureau of the Census. (1987)

図2-3　共働き世帯と片働き世帯の実質家計所得

しているが、その後は共働き世帯の所得は上昇しているのに対して、片働き世帯の所得は伸び悩んでいる。もっとも共働き世帯の所得も不況期には低下しており、いずれの世帯においても、経済不況が影を落としていることがわかる。

以前と同じ所得水準を維持するためには、夫と妻、二人の所得を必要とする社会が訪れている。つまり男性所得の低下も、女性の社会進出を促す一要因だったのだ。

貧困の女性化

静かな革命は、既婚女性の労働力率を上昇させただけでなく、離婚率の上昇にもつなかった。その結果、アメリカの全世帯に占める母子世帯の割合は、一九七〇年の八・七％から八六年の一一・五％に上昇する。同じ時期の所得の伸びを世帯別にみると、両親が揃っている世帯では順調に所得が伸びているのに対して、母子世帯の実質所得はその伸びが鈍化している（図2－4）。母子世帯の所得は両親がいる世帯の所得の四割にすぎない。その結果、貧困層に占める女性の割合が上昇し、貧困の女性化が大きな社会問題になってくる。

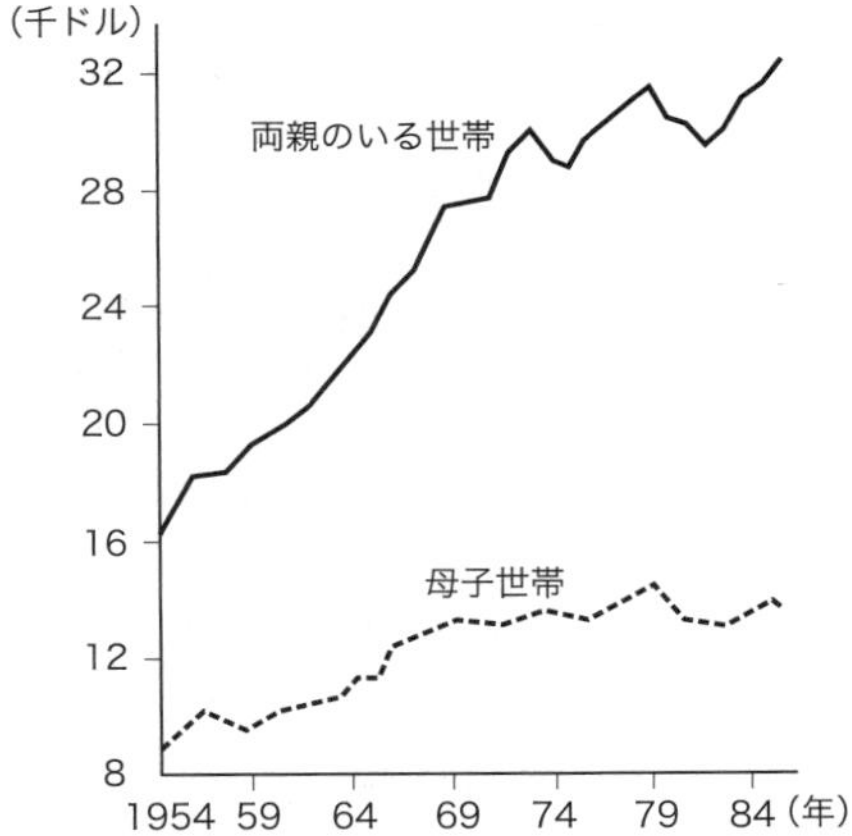

（出典）U.S. Bureau of the Census.（1987）

図2-4　両親のいる世帯と母子世帯の実質家計所得

　一九六〇年代のアメリカの典型的な貧困層とは、アパラチア山脈に住む白人の子だくさんの家庭であったのだという。それが九〇年代には黒人のシングルマザーにとって変わっている。アメリカの一人親世帯の貧困率は先進国で最も高く、支援制度は脆弱である。

クリントン大統領は、子育てへの投資と新しい政策によって、より多くの女性が働ける社会を目指した。だが、今のアメリカには手ごろな保育園も、幼児教育のシステムも、就学後の学童保育のプログラムもない。子供が病気になったときに誰でも利用できるような有給休暇の制度もない。だから小さい子供を持つ母親は、あれこれ手を尽くし安定的でもなくあまり頼りにならない人たちの手を借りて、常に応急処理をするしかない。そのことで仕事に大きな差し障りが出るし、貧困から抜け出すことも難しい。（アン＝マリー・スローター、二〇一七、一〇二頁）

いまの引用からもわかるように、アメリカでは働く既婚女性は増えたのだが、それにともなって必要となる子育て支援がまったく整っていない。日本よりも出生率の回復が見られるアメリカでも、仕事と育児の両立は難しい。それどころか、この点では日本の方が先を行っている。特に九〇年代から二〇〇〇年代にかけて、企業の仕事と育児の両立支援は急速に整備されてきた。アメリカは、女性労働者が個別に交渉をしなければならない。

新家庭経済学が見落としているもの

先に述べた男性の所得の低下や、女性の貧困化といった負の変化は、静かな革命と同じ時期に起きた、経済の大きな変化であった。しかし新家庭経済学では、こうした変化はあまり考慮されていない。なぜだろうか。

新家庭経済論にはケアの視点が足りないという批判はフェミニスト経済学からも寄せられている（原、二〇一六）。アメリカでは、仕事と子育ての両立の大変さが女性を貧困に追いやっており、「子供のいる女性は老人になってからもっとも貧困になりやすい」ともいわれる。背後には、アメリカ社会が育児や介護に価値を置かない社会であるところに問題の根源があるというのはスローターである。

ケアの仕事は競争がなく、大学や病院など非営利であることが多いために、アメリカの労働者の中で一番賃金が安い。ということはアメリカ社会の中でそれほど大きな価値を置かれていないということである。しかしケアの価値を低くみるのは間違っているとスローターはいう。資産運用の仕事をすればケアの仕事の何倍もの給与がもらえるが、資産運用の方が子育てより難しいのではないのだ。

他人をケアするということは、「他者の成長を助けること」であり、最も尊い仕事であるにもかかわらず、実際の社会ではこの仕事の賃金が安いために、その価値が低く見積もられている。それはアメリカが競争に高い価値をおき過ぎる社会だからだというのがスローターの議論だ。

もし私たちが競争の幻想から解放され、競争は人間の大切な原動力ではあっても人の世話より価値のあるものではないと理解できれば、女性の解放を競争のための自由と見ることはなくなるだろう。逆に、人の世話を競争と同じくらい価値あるものだと本当に信じることができれば、仕事だけに偏った男性が深い満足や自己改善の機会を逃していることにも気づくはずだ。そして、もし男性と女性がケアと競争を同じものさしで測れば、そのどちらにも時間を使えるように職場と仕事を調整しやすくなるだろう。

そんな理想は絵に描いた餅だと思われるかもしれない。でも明日それが実現するかもしれない。そのために必要なのは、ただ一つ……。

（スローター、二〇一七、一四二頁）

この……は、男性側の意識の変化である。これについては次の章でみていきたい。

こうみてくると、七〇年代にはじまった静かな革命は、女性の生き方を変えたが、それで革命が終わったわけではない。同時に起こっている男性の所得低下や女性の貧困化による格差を拡大させないためにも、さらに競争に特化した社会から、競争とケアのバランスの取れた社会へと移行する必要がある。

実はこうした変化はすでにはじまっている。次章では、いまいくつかの先進国で進展しているといわれるジェンダー革命についてみてみよう。

第三章

ジェンダー革命と出生率の回復

一．「家庭も仕事も」女性の重い負担

アメリカで起こった静かな革命は、アメリカ女性の労働市場への参加を進めたが、一方で出生率の低下、離婚率の上昇、非婚化など、アメリカの家族の形を大きく変えた。同時に若い女性たちは家族形成よりも自身のキャリアを優先し、働くことを自らのアイデンティティの一部とみなすようになったのである。こうした女性の就労の変化は、従来女性が行っていた家事・育児の分担の見直しを迫っていく。

それだけではなかった。アメリカの出生率が低下しはじめるにつれ、既婚女性の労働力率の上昇は、医療保険制度や年金制度、税制度などの根幹を揺るがす変化として、多方面から注目を集めるようになる。社会保険プログラムの多くは、世代の助け合い

によって成り立っているため、出生率の低下にともなう人口構造の変化は、社会保険プログラムの改革を余儀なくしたからである。つまり静かな革命は、女性の就労だけでなく、社会全体に変化をもたらす革命であった（Smith, 1979）。一九七九年に出版されたスミスの編著書『静かな革命（*Subtle Revolution*）』は、静かな革命によってもたらされた女性の雇用部門への参加と出生率の低下に対し、社会保険制度や税制度をどのように対応させるべきかについての論文が編集されている。

静かな革命は、アメリカにおいて男性を巻き込んだ「ジェンダー革命」へと発展していくのである。

出生率が回復する

女性の社会進出は、家族形成の変化を通じて出生率の低下をもたらす。また前の章で述べたように、経済発展と既婚女性の労働力率の間にはプラスの影響が見られるので、経済が発展すると既婚女性の労働力率が上昇し、出生率が低下すると考えられていた。ところが二十一世紀に入ると経済の発展が進み、人間開発指数が高い国では、出生率が回復するという新たな結果が見られるようになる。人間開発指数とは、九〇

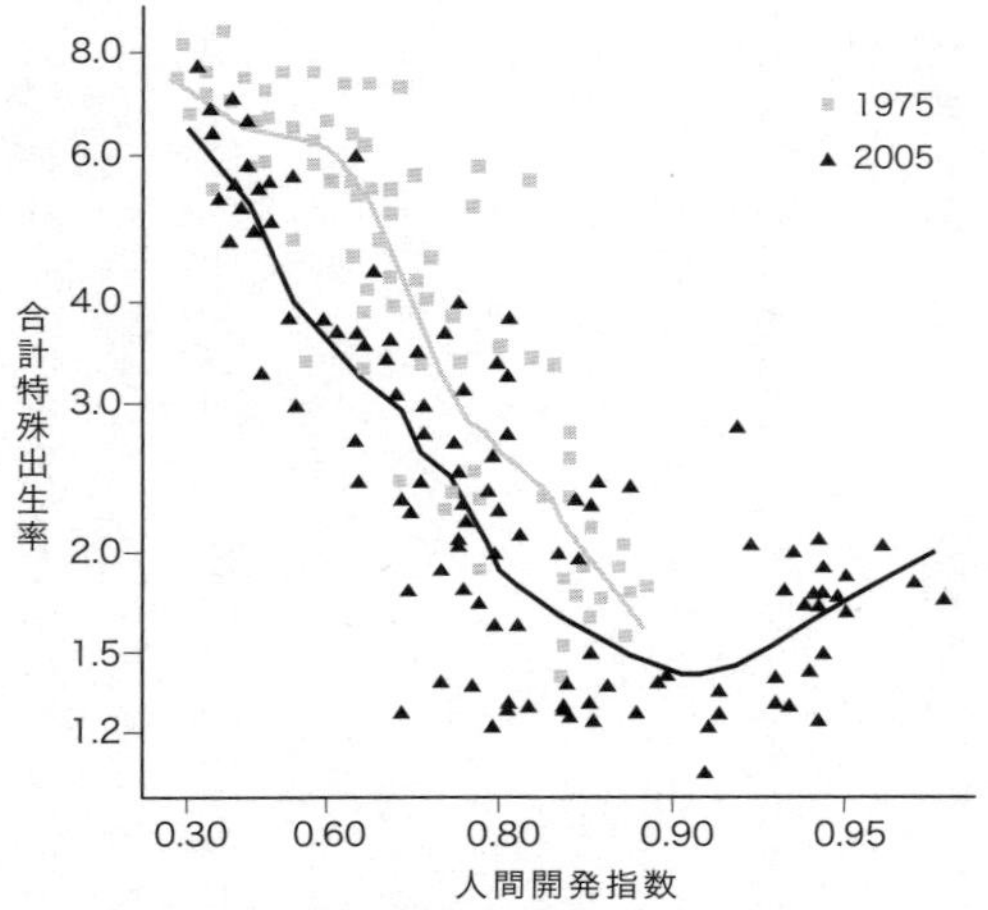

（出典）Billari Myrskyla, M., and F. Kohler (2009)

図3-1　合計特殊出生率と人間開発指数の関係

年にアルマティア・センとマブーブル・ハックによって開発された、平均寿命・教育水準・所得指数の三つの分野の複合統計指数である。

図3－1は合計特殊出生率と人間開発指数の関係を、一九七五年と二〇〇五年で比較したものである。一九七五年では一〇七カ国、二〇〇五年では一四〇カ国が対象になっている。一九七五年は静かな革命がアメリカ社会の水面下で進行していた時期に当たる。

図3－1をみるとわかるように、一九七五年では両者の関係はマイナスである。経済が発展し、人間開発

指数が高くなるほど出生率が低下している。

出生率の低下には主に二つの理論的な説明がされている。一つは第二章で述べた新家庭経済学の理論で、女性の市場賃金率が上昇したことにより、女性が家庭にいて育児をしている間に失う金銭的価値（逸失所得）が上昇したことが、子供を持つことの機会コストを高め、出生率を低下させたという理論である。

もう一つは人口学でいう、第二の人口転換論と呼ばれる説である。これは価値観変動仮説ともよばれ、主に人びとの価値観の変化に注目するものだ。「子供中心主義」が終焉して伝統的家族が崩壊し、人びとが個人主義化したことによって、少子化が起きたと説明する。

ところが二〇〇五年になると、人間開発指数が〇・九を超えた成熟した国で出生率が高くなっている。一九七五年を起点としてその後の出生率の変化を国ごとに詳しくみると、出生率が上昇しているのは、ノルウェー、オランダ、アメリカ、デンマーク、ドイツ、スペイン、ベルギー、ルクセンブルグ、フィンランド、イスラエル、イタリア、スウェーデン、フランス、アイスランド、イギリス、ニュージーランド、ギリシャ、アイルランドである。

他方、出生率が低い水準にとどまっているのは、人間開発指数が高い国の中では、日本、カナダ、韓国などの少数の国となっている。

二．静かな革命からジェンダー革命へ

なぜ出生率が回復するのか

アメリカで一九七五年に出生率が低下したのは、特に高学歴の女性の間で第一子を産むタイミングが遅れたことがその原因であった。また、高学歴の女性は生涯独身である確率も高かった。それが出生率の低下の原因であると言われたのだが、この学歴間の差が最近になると多くの先進国でそれほど見られなくなり、出生率も回復している。

なぜ出生率が回復するのだろうか。

OECD十八カ国を、出生率が回復している国とそうでない国とに分けて、違いを調べると、出生率の回復がみられた国はそうでない国と比べて、性差が少ない男女平等社会（gender-equal society）であることがわかった（Myrskyla, Billari, and Kohler, 2009）。出生率が回復していた国は、北欧諸国やアメリカ、イギリスである。ただし回復の時

期は国によって異なる。

マクドナルド（McDonald, 2000）は、家庭のなかの制度や慣習における男女平等が進む速度と、労働市場の制度や慣行における男女平等が実現する速度は異なり、多くの国では、後者の変化のスピードに前者が追いついていないという。それによって女性が仕事と家庭の二重の負担をもつことになり、結婚をすることや子供を育てることは、女性にとって大きな制約になる。それが非婚、晩産による少子化、離婚といったさまざまな事象を引き起こし、人口への影響を及ぼしていると考えた。

つまり個人の領域で平等が達成されたとしても、家庭内では相変わらず妻が家事や育児の主たる担い手であり、男性の家事や育児への参加がない場合には、出生率の低下、あるいは超少子化という現象がおきてしまう。

他方、時間的なズレをともないながらも、男性の意識にも変化が起きるようになると、夫婦の関係が改善されるだけではなく、子供の数も夫婦の希望が実現できるようになる。とくに第二子を産めるかどうかは、夫の協力が得られるかどうかにかかっていると言われている。このような変化は高学歴カップルの男性の意識改革からはじまることが多い（Goldscheider, Bernhardt and Lappegard, 2015）。

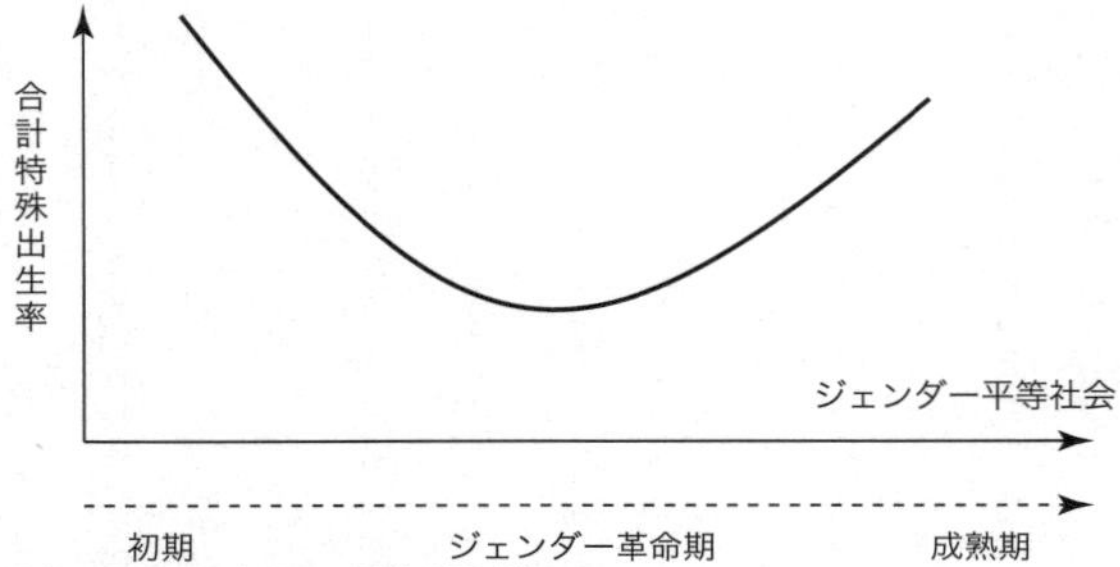

（出典） Esping-Andersen and Billari (2015)

図3-2 合計特殊出生率とジェンダー平等社会の関係

これらの研究成果から出生率の低下は、男性は稼ぎ主であり、女性はケアの主な担い手という社会から、男性も女性も仕事と家事を分担する男女平等社会への移行期に起きた現象と解釈される（Esping-Andersen and Billari, 2015）。そして、その移行期において出生率は低下するが、家庭内でのジェンダー革命がはじまり、男女平等の価値観が社会に受け入れられるにしたがって、出生率が回復する。つまり出生率は社会が男性稼ぎ主社会から男女平等社会に移行する初期の段階では低下するが、その後ジェンダー革命が起き、社会が男女平等社会に移行するにつれて上昇するU字型を示すという（図3−2）。

エスピン＝アンデルセンとビラーリ（Esping-Andersen and Billari, 2015）は、ジェンダー革命に至るための命題として、以下の五つを提示している。

①力強い外部からの変化をもたらす力とそれを受け入れる社会の両方が存在しているときに、ジェンダー革命は起きる。
②その革命は不可逆的であり、いったん移行したら元の男性稼ぎ主社会に戻ることはなく、社会のすべての人びとにジェンダー平等が行きわたるまで続く。
③その速度は、平等度が高く、階層化が進んでいない国で速く、かつ広い層に浸透する。他方人種や民族などによる対立があったり、差別の大きな社会では移行への速度が遅くなる。
④ジェンダー平等が標準の社会規範になると、同じような価値観を持った人々が結ばれやすくなり、安定的なパートナーシップを形成し、家族を形成する。
⑤ジェンダー平等が標準として定着すると、どの所得階層の人でもより自分の嗜好にあったパートナーと出会いやすくなり、その結果パレート最適（これ以上よくならない最適）の状態に到達する。

やや抽象的な表現になっているが、要するに静かな革命の最終到達点はジェンダー平等社会の実現にあり、この社会が実現できると、結婚も安定し、出生率も高まり、社会が安定すると述べている。

父親の育児参加

男女平等社会に移行する段階で重要な政策は、①仕事と育児が両立できるさまざまな制度の導入と、②父親の育児参加を進める男性のための育児休暇の導入である。父親の育児参加の度合いが、第二子以上の子供の出産に大きな影響を与えていることがさまざまな実証研究で明らかになっている。

すでに紹介したが、アン＝マリー・スローター（二〇一七）は、男女の平等が達成されるためには、男性が養い手であると同時にケアの担い手になることが欠かせないと述べている。しかし実際のアメリカの社会では子育てや介護に価値をおいていない。その結果、現代の社会は競争に勝ち、多くを成し遂げ、お金を稼いだ男性に価値を認めすぎている。

しかしアメリカの男性も変化している。若い世代では金銭的な成功よりも家族に価値をおく男性が増えるとともに、反対に金銭的な成功に価値をおく女性も増えており、いい意味で男女差がなくなってきている。

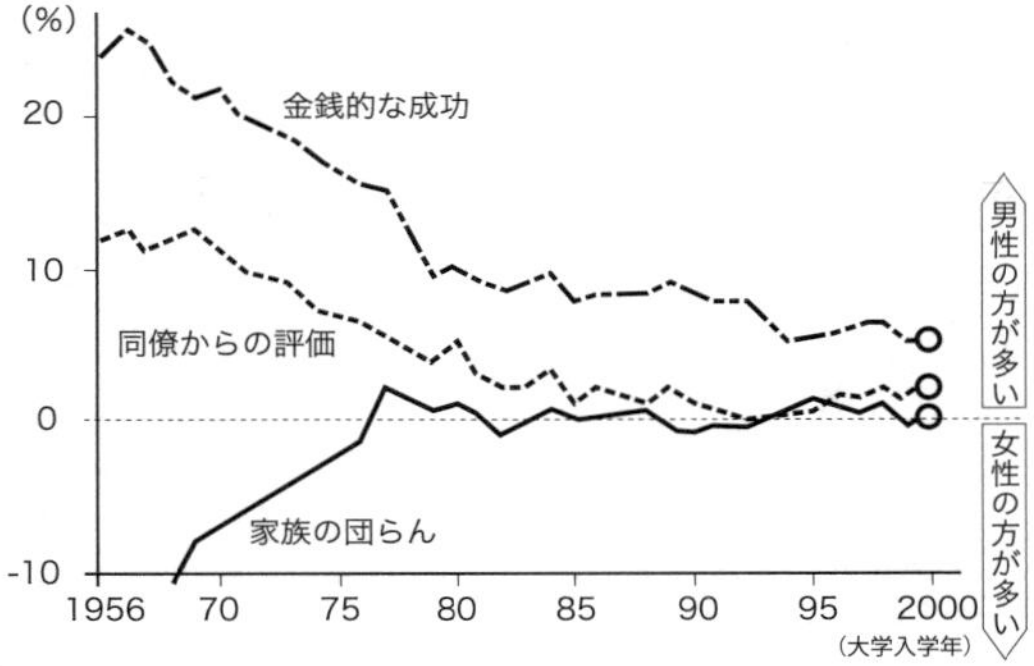

（出典）Astin,et. al. (2002)

図3-3 アメリカの大学新入生を対象にした社会規範の変化

図3-3は、アメリカの大学一年生を対象とした意識調査をもとに、男女の伝統的な役割分担にもとづく価値観が、一九七〇年代から二〇〇〇年代にかけて、どのように変化しているのかをみたものである。「金銭的な成功」「同僚からの評価」「家族の団らん」という三つの項目のそれぞれについて、最も重要と非常に重要と回答した学生の割合の男女差をみると、一九七〇年代に大学に入学した学生のうち、男性は金銭的な成功を重んじ、女性は家族を重んじており、男女ともに性別役割分業が意識に影響していることがわかる。しかし、その後八〇年から二〇〇〇年にかけては、金銭的な成功や同僚から評価されることを重んじる男性が減少すると同時に、家族

重視の男性が増加し、女性は逆に、金銭的な成功や同僚から評価されることを重視する人が増え、家族重視が減少している。ここからアメリカの若い世代で、男女ともに性別役割分業意識が薄れ、個人差が拡大していることがわかる。

他方、日本でも子育てを優先したいという父親は増えている。三菱UFJリサーチ&コンサルティングが、二〇一四年に未就学児をもつ四千人の父母を対象に実施した「子育て支援策等に関する調査」によると、一一・九%の男性は家事や育児に専念したいと希望しており、二〇%は「どちらかと言えば家事・育児が優先」と回答している。つまり三人に一人の男性は子育てに専念したり、優先したいと希望している。しかし現実にそれができているのは、「家事や育児に専念」(六・三%)「どちらかと言えば家事・育児が優先」(二八・五%)と、四人に一人になっている(図3-4)。なお、二〇〇二年では、子育てに専念したいと希望している父親は一・四%(〇・四%)、子育てを優先したい父親は一五・九%(七・三%)となっており(カッコ内はそれを実現させている父親の割合)、この十二年間で、子育てを優先したいと希望している父親の割合は倍に、また、それを実現させている父親の割合は三倍に増加している。

また六歳未満の子供をもつ父親の育児時間は、一九九六年の三八分間から二〇一六

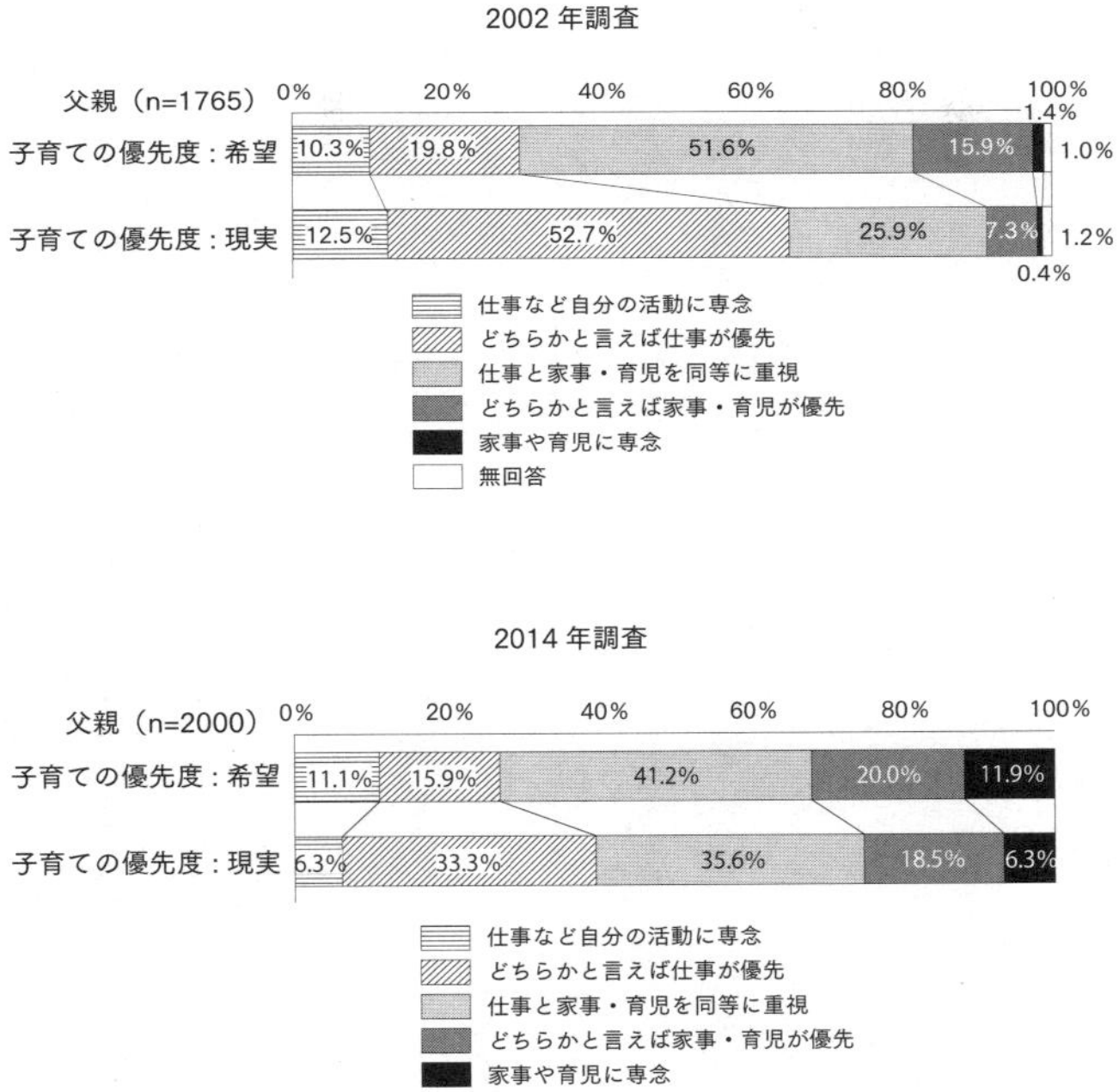

（出典）三菱UFJリサーチ&コンサルティング「子育て支援策等に関する調査」（2002, 2014）

図3-4　未就学児をもつ男性を対象にした仕事と家事・育児に対する意識

年の八三分間へと約二倍に増加している。二〇一六年度の男性の育児休業取得率は三・一六%と過去最高を記録した。しかし国際的にみるとその水準は低く、男性の育児時間は先進国の中で最も短い。

ジェンダー規範を見直す

いままでの議論では、労働市場と家庭でのジェンダー平等を別個に扱っているが、ブリントン(Brinton, 2016)は、少子化から回復した国と、日本や韓国のように超少子化が続いている国では、社会に根ざしたジェンダー規範が家庭での男女の役割に影響しているだけではなく、企業組織内の労働慣行に大きな影響を与えている点に着目している。それが企業組織の働かせ方の違いとなって男女の不平等を生んでいるからだ。

日本の少子化対策は、女性が仕事と家庭を両立できる環境を整えることに主眼が置かれてきた。しかし結局のところ少子化の原因は、そもそも結婚しない人が増えていること(生涯未婚率の上昇)に加えて、晩婚化が進み、出産の年齢が高くなってきたことによる。出産年齢が高くなると、妊娠確率も低下する。そこで結婚しているカップルの中での出生数を、希望数に近づける対策が必要になる。

永瀬とブリントン（Nagase and Brinton, 2017）の研究によると、日本の専業主婦世帯では、男性の労働時間が長いと第二子が生まれにくく、また共働き世帯では、父親の家事・育児時間が長いと第二子が生まれやすい。つまり第二子の出産確率の鍵を握っているのは、父親の労働時間なのである。

しかし、実際には残業時間の規制がある会社は少なく、職場の長時間労働が大きな問題になっている（第五章）。結果として日本の働く女性たちは、家事や育児負担から逃れられず、二人目の子供を産むことが難しくなっている。それが日本が超少子化の罠から抜けられない理由である。

日本でジェンダー革命は起きているか

ここまで述べてきたように、父親の育児参加が進んでいないこと、諸外国と比べて根強いジェンダー規範があることが、日本で出生率が回復しない理由である。しかし一方で、いま日本は静かな革命からジェンダー革命に移行する途上にあるのではないか、と論じているのは福田とレイモ（Fukuda and Reymo, 2018）である。

これまで日本の出生率の低下は、とくに高学歴女性の結婚確率の低下によって起きたと考えられていた。確かに一九六〇年代に生まれた女性においてはそのような傾向が見られるのだが、一九七〇年代に生まれた世代は学歴と出生率の関係が反転してプラスに転じている（Fukuda, 2013）。

その理由は経済バブルがはじけてから、男性の所得の伸びが低下したり（第十章）、男性の失業率が女性のそれを上回るようになって、結婚相手として、稼げる女性の価値が上がったからではないかとみる。とはいうものの、このポストバブルの就職氷河期世代において婚姻率そのものが上昇しているわけではない。

また一九六〇年代に生まれた高学歴女性においては、自分より上のステータスを結婚相手に求める傾向（学歴上方婚）が根強く、高学歴男性が結婚市場で最も人気があった。上方婚ができない場合、高学歴女性は学歴下方婚（男性の方が女性よりも学歴が低いカップル）を選ぶよりは、未婚を選ぶ傾向もあった。しかし就職氷河期世代になると、進学率の上昇によって、大卒者の間に多様性が見られるようになったことに加えて、女性の就業機会が拡大してきた。そのために、大卒女性の中にも相手の学歴にそれほどこだわらない学歴下方婚も増えてきており、この傾向は二〇〇〇年代に入ってより顕著になっているという（福田・余田・茂木、二〇一七）。

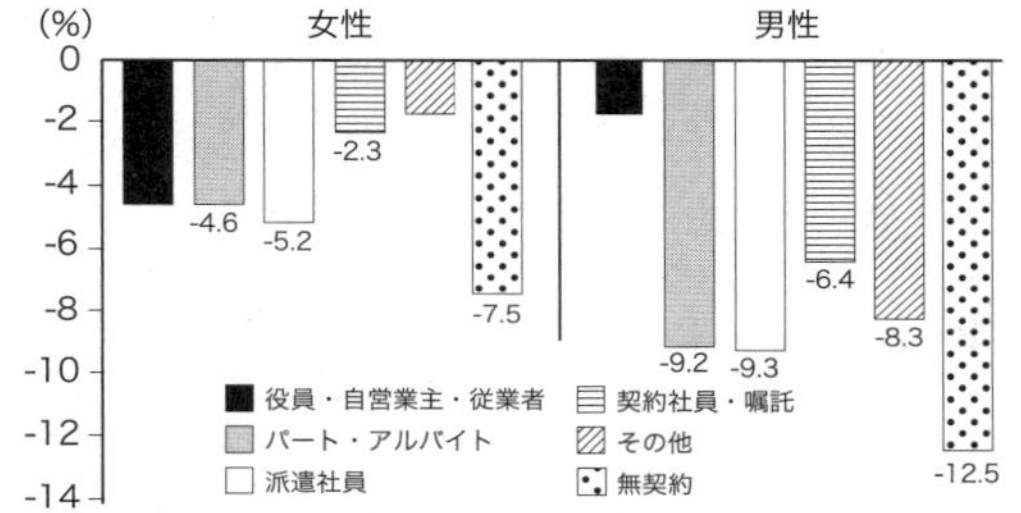

（注）正規雇用であった場合と比べて、結婚を「絶対したい」を選択する確率が何%ポイント低いか。学歴、年齢、時点を統制した上で、結婚意欲が結婚していないものにしか観察されないことから生じる選択バイアスに対処した順序ロジットモデルで分析した結果。
（出典）厚生労働省『平成25年版厚生労働白書』（2013）

図3-5　就業形態別にみた結婚意欲

つまり、高学歴女性の未婚や、晩婚化によって出生率が低下しているわけではない。

ではなぜ、合計特殊出生率が低下するのか。福田とレイモ（Fukuda and Reymo, 2018）が注目するのは、女性の経済的なステータスの上昇とグローバル化とともに増加した、不安定雇用がもたらす婚姻率へのマイナスの影響である。就職氷河期世代において、高学歴女性の婚姻率が上昇している一方で、低学歴女性の結婚率が低下していることの方が、問題なのである。

図3－5は、正社員を基準として、雇用形態別の結婚意欲についてみたものである。女性の場合、正社員に比べて、パート・アルバイトであれば結婚意欲は四・六%、派遣労働者では五・二%と結婚意欲が低くなっている。

このように、先に述べた父親の育児参加やジェンダー規範について、諸外国と比べて不十分な点はあるものの、日本でも高学歴カップルの間では、ジェンダー意識が変わり男女の平等が標準になる途上にあると考えられる。アンデルセンとビラーリが論じている、ジェンダー革命の端緒がみられるといえる。

一方で依然として出生率が低いのは、高学歴女性が社会進出をしているからではなく、不安定雇用者が増加しているからではないか。

経済のグローバル化の影響で男性一人の所得で一家を支えられなくなり、不安定雇用が増加したことが、若いカップルの間での結婚相手の選び方やジェンダー意識にも変容をもたらしている。その一方、稼ぎ手としての男性の役割は依然として重要であるが、今日では高学歴層も含め、男性の雇用基盤が脆弱化している。そのため、婚姻率にも大きな上昇はみられず、少子化が継続している。

それならばいま日本にとって必要なことは、不安定雇用の若者を減らすために、職業訓練などの機会をもうけ、安定雇用に就く支援をすることではないか。そのように女性の活躍を推進することは、婚姻率を上昇させ、少子化からの回復をもたらすともいえるのではないだろうか。

◉第四章

なぜ女性は仕事を辞めるのか

一．女性は出産のために離職する？

女性が離職するのは主に、結婚や出産のためであることは長い間、当たり前のことだと思われてきた。そのために日本の女性の働き方の特徴とされるM字就労の変化に、多大な関心が寄せられてきた。

しかし最近、特に日本では出産のためというよりも、仕事への不満で辞めている高学歴女性が多いことがわかってきた。だとしたら、出産という女性の側のライフスタイルの変化以外に、女性の離職の原因があるのではないか。日本の労働市場に女性が活躍できない構造的な問題があるのではないだろうか。

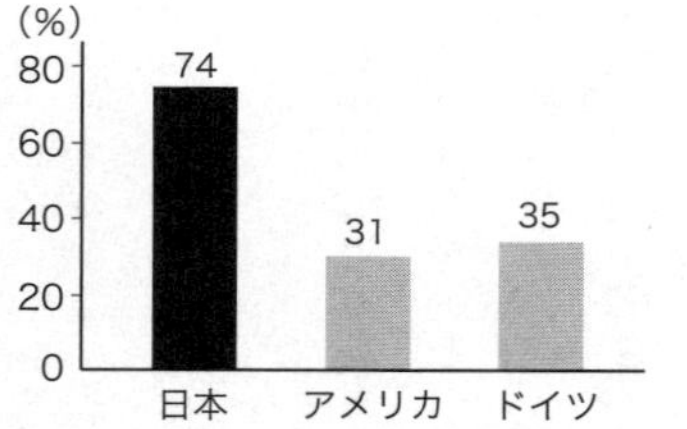

（出典）Hewlett, Sylvia Ann, Laura Sherbin, et al. (2011)

図4-1　自発的に離職する女性の割合の三カ国比較

大卒女性の離職理由の日米比較

アメリカのシンクタンク（Center for Work-Life Policy, CWLP）が二〇一一年六月にまとめた調査結果によると、アメリカの大卒女性の離職率は三一％であるのに対して、日本は七四％。予想どおり日本の女性の離職率は高い（図4－1）。

ここで次の図をみて欲しい。図4－2は、大卒女性の離職理由の日米比較である。これをみるとわかるように、アメリカの女性の離職理由の第一位は育児で、七四％がそれを理由に離職している。それに対して日本の女性の六三％が仕事への不満、そして四九％が仕事の行き詰まり感によって離職しているのである。つまり予想に反して、アメリカでは育児を理由に辞める女性が多く、日本では仕事に不満があって辞めている女性が多い。

誤解がないように付け加えると、アメリカでは多くの女性が出産後も就業を続けている。しかし辞める場合の理由が、育児であることが多いのである。

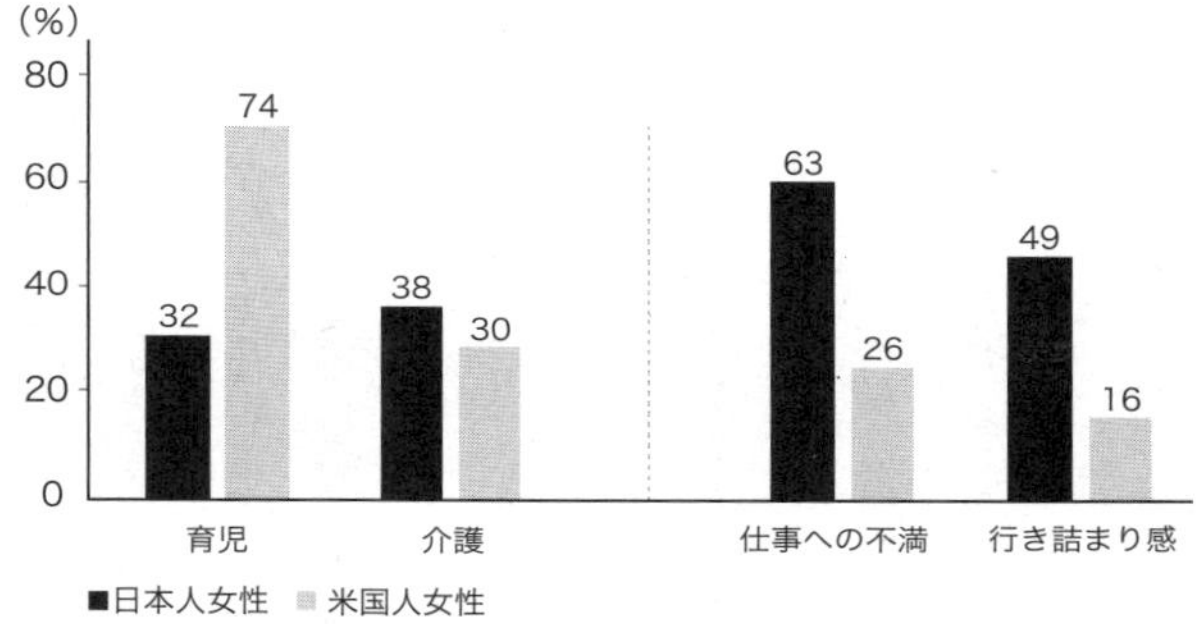

（注）サンプルは、21〜62歳の大卒の男女1,582名（女性438名、男性1,144名）のうち、28歳から35歳を抽出した結果。
（出典）Hewlett, Sylvia Ann, Laura Sherbin, et al. (2011)

図4-2　高学歴女性の離職理由の日米比較

前述のように、アメリカの女性の離職理由が育児であるのは、アメリカの保育環境が悪いことがある。アメリカでは、一九九三年に育児介護休業法が制定され、勤務期間が一年以上（のべ一二五〇時間以上）の社員に対して十二週間までの無給の休職が認められるようになったとはいうものの、アメリカの労働人口の四割近くはまだ育児休暇を含む長期休職が認められていない。また自身で保育環境を整えなければならず、質のよい保育所に子供を入所させるためには、高額の支出が必要になる。

女性の意識の変化

日本女子大学現代女性キャリア研究所

（ＲＩＷＡＣ）が二〇一一年に実施した調査から、首都圏に在住する高学歴女性の離職の主な理由の出生年による違いをみると、結婚や子育てよりも仕事上の理由で辞める女性が増えるのは、就職氷河期以降に就職した世代であることがわかる。

就職氷河期世代とは、経済バブルが崩壊した九二年以降に就職した世代のことだ。景気の低迷によって企業が新卒の正社員採用を抑制したため、就職率が大幅に減少した世代である。

図４-３は、初職についた年代別に、初職の離職理由をみたものである。一九九三年を機に、仕事が合わなかった、あるいは仕事に希望が持てなかったという理由で初職を辞めた女性の割合が、結婚出産を理由に離職した女性の割合を上回っている。さらに二〇〇八年以降は、仕事に不満があるという理由で辞める女性の割合が格段に大きくなっていく。また離職期間でみると、一年未満の離職後、再就職をする女性が増えている。

さらにいえば、学卒時にキャリア意識が高く、好きな仕事について結婚や出産後も仕事を続けたいと考えている女性の方が、仕事にはこだわらないが家庭と仕事を両立させたいと考えている女性よりも転職をする確率が高い（大沢・馬、二〇一五）。

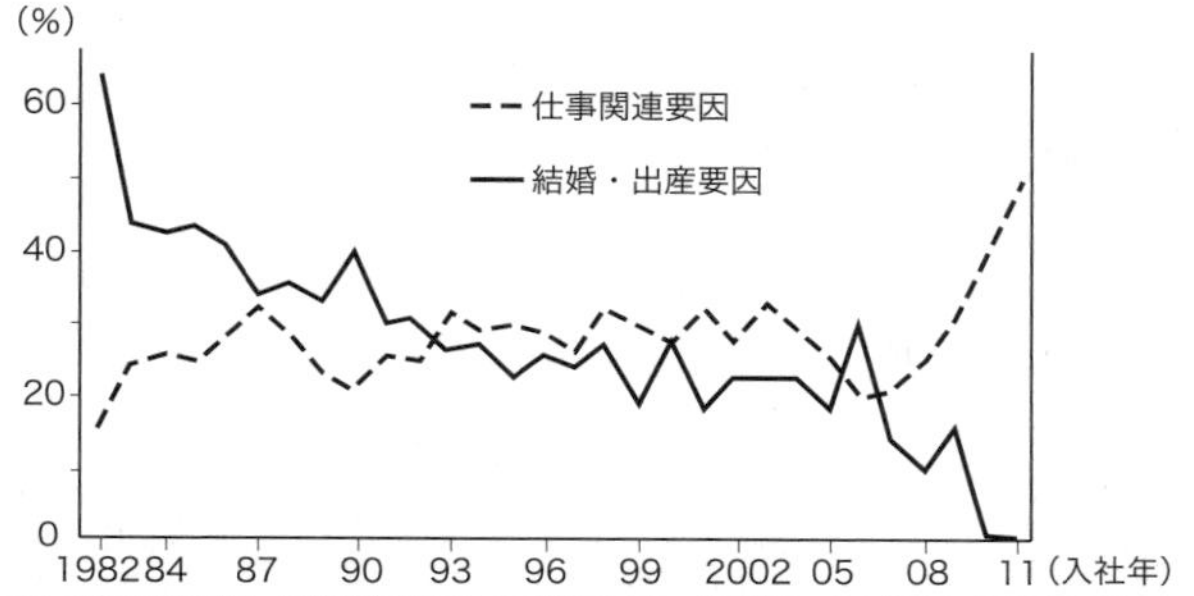

(注) 仕事関連要因は、初職を辞めた理由を「他にやりたい仕事があった」「仕事に希望がもてなかった」と回答した人、結婚・出産要因は「結婚のため」と「妊娠・出産・育児のため」と回答した人の割合。

(出典) 日本女子大学現代女性キャリア研究所「女性とキャリアに関する調査」(2011)より作成。

図4-3　初職入社時期別にみた女性の離職理由

この調査からわかることは、就職氷河期以降の高学歴女性には、仕事に対する意識変化が生じていること、そして出産以上に、仕事内容に不満があるという理由で、職を離れる女性がたくさんいるということである。

統計的差別と予言の自己成就

日本では、女性の離職は結婚や出産によってもたらされると考えられており、それが女性に、男性のような昇進の機会が与えられない理由とされてきた。たとえば、人事担当者に女性の管理職が少ない理由を聞くと、①現時点では、必要な知識や経験、判断力を有する女性がいない（五四・二％）②将来管理職に就く可能性のある女性はいるが、現在管理職に就くための在籍年数などを満たしているものはいない（三二・二％）③勤続年数が短く、管理職になるまでに退職する（一九・六％）となっている（厚生労働省「機会均等基本調査」二〇一二）。

ここから日本企業は、男女の勤続年数の差が機会の差につながり、昇進の男女差につながっていると考えていることがわかる。言い換えると、女性は結婚や出産などで離職をしてしまうので、男性と同じように仕事を教えて経験を積んでもらっても長く勤めてもらえず、投資の元が取れないと企業が判断しているということである。

それを労働経済学では、統計的にみて離職率に男女差があることが、女性を昇進から排除し、男女間賃金格差を生み出しているとして、「統計的差別」と名付けている。もちろん離職率には個人差があるのだが、それを正確に把握するにはコストがかかりすぎるので、平均値で判断するというわけである。

ところがここで紹介した調査結果からは、むしろ先が見えるような仕事をさせてもらえないことが、高学歴女性の主な離職理由になっているのではないかと考えられる。

社会学では噂や思い込みであっても、人びとがその予言を信じて行動することによって、結果として予言通りの現実がつくられる現象のことを、「予言の自己成就」（Merton, 1968）と呼んでいる。女性は離職するだろうという企業の思い込みが、女性の離職をもたらしているいまの日本の女性雇用の状況は、まさに企業の予言が自己成就してしまっている状況といえる。

予言の自己成就がもたらす深刻な影響の一つは、女性が差別されている状況をみた次の世代の女性たちが、どうせ差別されるならば自己投資をしても投資回収率が低くて割りに合わないと考え、自己投資のインセンティブを低めてしまうことである（Coate and Loury, 1993）。

逆選択

学卒時の就労意欲と転職確率をみると、「好きな仕事についてその仕事を一生続けたい」「仕事の内容にはこだわらないが、一生働き続けたい」と回答している就業意欲の高い女性の転職確率（三七・一％）の方が「家庭や私生活と両立しながら、長く働き続けたい」「中断するかもしれないが、できれば仕事は続けたい」と回答している両立志向の女性の転職確率（二六・三％）を上回っている（ＲＩＷＡＣ調査、二〇一一）。

つまり、学卒時にキャリア志向の高い女性の方が離職確率が高いのである。本来ならば企業はキャリア意識が高く、長期勤続を念頭においている女性に仕事を覚えてもらった方が投資の元が取れる。しかし、入社時に女性それぞれの就業意欲を正確に知るのは難しい。そのため個々人の意欲を調査する代わりに平均値で女性を判断し、それにもとづいて、長期勤続の男性とは異なる仕事の割り振りを行う。するとキャリア志向の高い女性は自分はここではキャリアは築けないと考え、会社をやめてしまうのである。本来なら企業がキープしておきたいはずの就業意欲が高い社員を手放してしまっているという意味で、逆選別（Adverse Selection）が起きてしまっていることになる（Schwab, 1986）。

以上のことから日本の職場は、女性が長く働き続けたいという意欲を持てないような環境を自ら作り出している、といえるのである。

二．高学歴女性のキャリア形成のパターン

増える転職型の女性たち

二十一世紀に入って女性の労働力率が上昇している理由の一つは、高学歴女性の労働力率の増加にあることは第一章ですでに述べた。日本では、長い間高学歴女性ほど

結婚や出産で仕事を辞めたら家庭に入ることが一般的で、再就職の確率は学歴が低いほど高くなると考えられてきた。

しかしこの章ですでに見たように、就職氷河期世代になると、初職を辞める主な理由が結婚や出産から、仕事上の理由にシフトしている。

また従来の研究では、女性の典型的なライフコースは、結婚や出産後も仕事を継続する人と、結婚や出産で仕事を辞めていったん家庭に入ってからもう一度再就職する人の二つに分かれていると考えられていた。ところが実際に調査をしてみると、近年新たに、一年未満の転職をしながら仕事を継続している高学歴女性が三分の一を占めていることがわかった。

図4-3は、女性のライフコースを次の五パターンに分けて、年齢階層別にみたものである。ここでの五パターンとは以下の五つである。

①初職継続型——学校卒業後、最初に就いた仕事を現在も継続している
②転職型——現在仕事についているが、これまでに一年未満の離職期間があった
③再就職型——現在仕事についているが、これまでに一年以上の離職期間があった

④離職型――現在仕事についていないが、かつては仕事についていた
⑤就業経験なし――学校卒業後一度も仕事についたことがない

このうちの⑤の就業経験なしに該当する女性は全体の一・五％と少ない。つまり大多数の女性は卒業後、働く経験をするということである。

図をみるとわかるように、M字の底を形成している三十五〜三十九歳層の女性をみても約四割の女性は、継続就職をしているか（二〇・二％）、あるいは転職をしながらも（三一・七％）仕事の経験を積み上げている。

両立支援が充実した世代の間では、就職活動で「働きやすさ」よりも「やりがい」を重視した女性ほど初職を辞めていると言われるが（中野、二〇一四）、同様のことはRIWAC調査によっても確認できる。転職をしている女性の四六％は学卒時に「好きな仕事についてその仕事を一生続けたい」あるいは「仕事の内容にはこだわらないが、一生働き続けたい」と回答している。

このグループの女性たちが初職を辞めた理由をみると、「他にやりたい仕事があったから」（二四・〇％）、「仕事に希望がもてなかったから」（一三・〇％）と続いており、

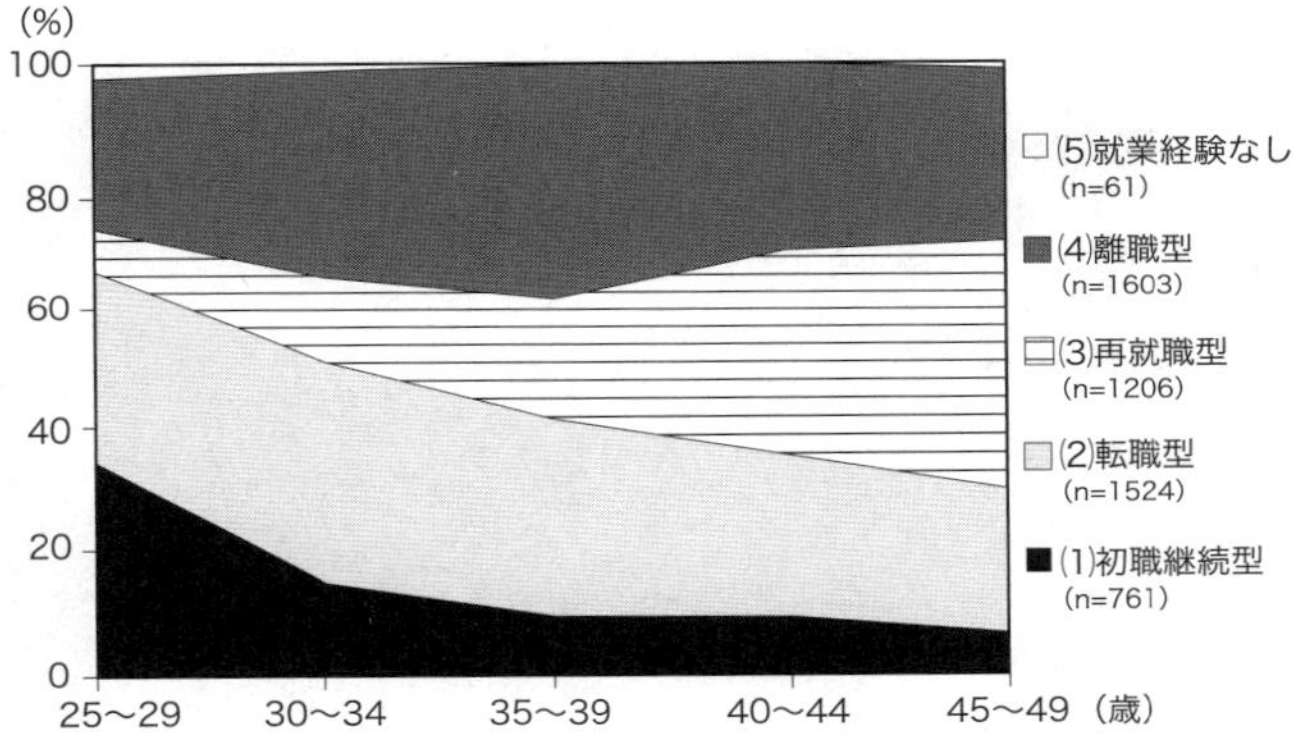

（出典）大沢真知子・盧回男(2015)

図4-4　日本の女性のライフコース５類型

「結婚のため」（九・三％）を大きく上回っている。やりがいのある仕事が与えられなかったために初職を退職している女性が多いのである。

ここから、②の転職型のなかには、就職時には継続して働く意欲があったにもかかわらず、企業が「女性は短期勤続である」という思い込みで女性を差別した結果、離職と転職を決意した人が多いと思われる。

また彼女たちの学卒時のキャリア意識が高いことから、本来ならば、企業にとって戦力となる女性たちを手放してしまっている可能性が高い。その意味で企業は逆の選択をしてしまっているともいえる。

②の転職型の場合は、一年以上の離職期

間がある再就職型の女性よりも、次の仕事の処遇が上昇している割合が高い。転職型の女性の約四割は、転職後の方が給与などの待遇が上がっている。離職期間が長い再就職グループの場合は、この数字が三割とやや低くなっている。

離職期間が短いほど、また資格などを取得している人ほど転職でより良い条件の仕事についていることがわかる。

ジョブ・マッチングをよくするという意味で転職は経済にとって悪いことではないが、それが企業の差別的な雇用慣行においてもたらされているとなると、話は別である。女性は短期に仕事を辞めるという企業の誤った思い込みが逆に女性人材の離職をもたらしている。

最近の多くの研究では、男女の賃金格差が生じるメカニズムは、女性の結婚や出産による離職が原因ではなく、むしろ初期のキャリアの形成段階において女性が男性のような仕事の経験を積めないことにあることが実証されている（山口、二〇一七）。

このことは転職型において、「配置・昇進・処遇」の項目で満足度が低くなっていることからもわかる（大沢・盧、二〇一五）。継続型では三二・三％、再就職型では三六・二％が満足あるいはやや満足と回答しているのに対して、転職型では、その割合は二一・九％にすぎない。

次の章では、日本の企業の中に存在する女性差別のメカニズムを探ってみよう。

三．職場復帰できない日本の女性たち

他方、子育てなどの理由で離職期間が長くなってしまった③の再就職型の女性の場合は、多くの場合労働条件の悪い仕事に就くことが多い。日本では出産を理由に離職したあと、職場復帰をすることが難しいといわれる。たとえば離職後につく仕事が、以前とは全く違う昇進の見込めない仕事であったり、転職先が見つからなかったり、という話はよく聞く。次に紹介するのは再就職を目指す女性をインタビューした杉浦（二〇一五）の感想である。

女性が仕事を辞める背景にはさまざまな事情があるのだが、共通点もあるように思われる。それは、わたし同様、みんな「失うものの大きさを後から知った」ということだ。大学卒業後、ある程度の規模の企業に就職した女性、一度そこを辞めてしまえば、同じような位置（雇用形態だったり、収入だったり、仕事内容だったり）

に戻ることは難しい。もちろん、それくらいのことはみな覚悟していたはずだが、その「難しさ」は想像以上のようだ。そのことに一様にうちのめされている。

実際に再就職した女性の処遇をみても、転職前に比べて悪くなったケースが多い。転職前は七七・七％が正社員であったのに対して転職後は四六・三％に減少しており、女性の過半数が非正規労働者だ。また、従業員数が一〇〇一人以上の大手企業に勤務している割合は三二・一％から二一・八％に減少している。さらに転職や再就職をした高学歴女性の七一・四％は、職種が変わっており、転職がキャリア形成につながっていないケースが多い。

この章の冒頭で紹介したアメリカのシンクタンクＣＷＬＰの調査（Sylvia, et al., 2011）によると、結婚や出産で一時仕事を辞めた大卒女性の七七％は、職場復帰を求めているのに対して、実際に仕事についているのは四三％である。他方、アメリカでは七三％、ドイツでは六八％の女性たちが再就職している。

ここから、日本の再就職（転職）市場が整備されていないことが、女性の再就職を難しくしていることがわかる。その問題については第六章で、仕事をするために必要な能力の形成のしかたの国による違いからその原因を考えてみたい。

また、学び直しを通じて女性の再就職を支援する動きも出てきている。教育が個人のキャリア形成に果たす役割については第七章でみることにする。

◉第五章

男女格差のメカニズム

一．活躍できない女性たち

男女間賃金格差

前章で日本の女性の離職原因は、職場環境にあると述べた。女性が働く意欲をなくすような職場環境とはどのようなものだろうか。日本の女性は活躍できていないといわれるが、本当なのだろうか。

日本の労働市場で、女性が十分に活躍できていないことは、男女間の賃金格差にも表れている。日本の正社員の男女間賃金格差は、一九八七年の六〇・五％から二〇一六年の七三％へと約三十年間に一二・五％縮小している。男女間の賃金格差はさまざまな要因によって説明される。教育年数や経験年数といった個人の人的資本の保有量の男女差、男女でつく職業の違い、企業内における職階の違いや雇用形態の違いなどである。山口（二〇〇九）によると、雇用形態の違いは男女の時間あたりの賃金格差の三分の一程度を説明するが格差の半分以上の違いは正社員の男女間の賃金格差によって生じている。その残りの差を説明するのは、教育年数や勤続年数などの男女差の違いよりも、むしろ職階（一般社員、管理職といった職務上の職位）の男女差と、専門職の男女の隔たりである（山口、二〇一七）。「教育」「医療・保健・看護」「社会福祉」の分野はヒューマンサービス系専門職」と呼ばれ、女性比率が高いのだが、社会的経済的地位が高い職種には男性が圧倒的に多い。

実はこうした格差は、アメリカにもある。アメリカのセンサス統計を使った研究によると、アメリカの男女間賃金格差は、家族を形成する時期にあたる二十六～三十三歳で拡大する傾向があることがわかった。この傾向は学歴が高いほど顕著だ。

なぜだろうか。ゴールディンら（Goldin, et al., 2017）は、ただ単に男性の方が高所得の仕事に就きやすいだけでなく、その後の昇進も早いからだとする。

二十五歳から四十五歳の間に男性の所得は平均で七三％上昇しているのに対して女性のそれは三一％に過ぎない。また高い職位につながる高報酬の仕事では、長時間拘束的

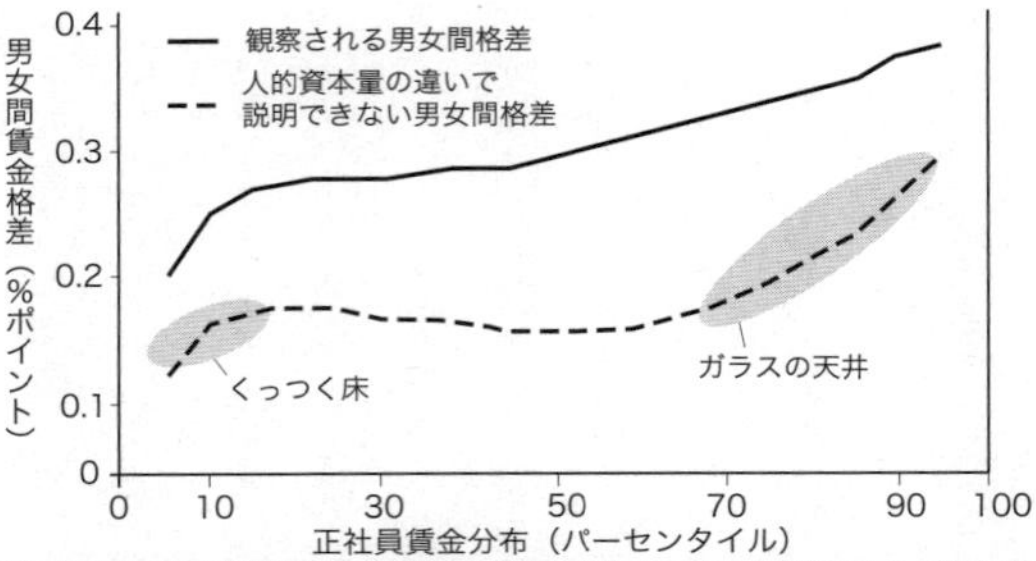

（注）横軸の「正社員賃金分布」は賃金が高いほどパーセンタイルが高くなる。縦軸は各パーセンタイルで賃金格差が何%ポイントあるかを示す。また、「観察される男女間格差」は人的資本量の男女の違いをコントロールしていない状況で観察される格差で、「人的資本量の違いで説明できない男女間格差」は「観察される男女間格差－説明できる男女間格差」の値である。
（出典）原ひろみ（2017）より作成

図5-1　2014年の男女間賃金格差

に働くことが評価されるので、育児と仕事を両立している女性の職場での評価が低くなりがちで、昇進が遅くなってしまう。この差が賃金格差となってしまうのだ。競争社会では、長時間労働が仕事へのコミットメントを示すシグナルと見なされているからだという。

くっつく床とガラスの天井

労働市場には、女性の活躍を阻害する見えない障壁があるといわれるが、その障壁はキャリアのどの段階にあるのかをデータで実証した研究がある。

原（二〇一六）は、日本の正社員の賃金分布を男性と女性で比較し、賃金分布の下位一〇～二〇%と上位九〇%以上のところで、教育年数や勤続年数の差で説明できる以上の、大きな男女格差が見られることを実証している（図5－1）。このことはキャリア形成の初期の段階と、管理職に昇進する段階の二つの時期に、女性の活躍を妨げる障壁があることを示唆している。

初期の段階の障壁は「くっつく床（Sticky Floor）」と呼ばれる。男性は順調に昇進していくのに対して女性は低賃金から抜け出せず、昇進のスピードが遅かったり、昇進の可能性そのものから排除されていたりする状況を表現している。また、管理職に上がる際の昇進の壁は「ガラスの天井」と言われる。

さらにこの二つの壁は、一九九〇年、二〇〇〇年、二〇一四年の三時点で共通して観測できる。教育年数や勤続年数を理由とする男女間賃金格差は縮小しているにもかかわらず、こうした障壁があるために、格差が温存されている。

昇進速度の違いにみる男女格差

同じ総合職として採用されたとしても、昇進の速度に差が見られるという実証研究もある。総合化学メーカー人事ファイルを分析した論文（Kato, Kawaguchi and Owan, 2013）によると、この企業における男女賃金格差は、就業初期に見られるくっつく床と、昇進速度の男女差がもたらすガラスの天井の二つによって生み出されている。

高卒や短大卒で補助的な事務の仕事についている女性の場合には、三段階グレードが上がると、さらに上位のグレードに昇格することはない。つまりくっつく床がある。さらにガラスの天井も観測されている。たとえば、昇進の確率を八つのジョブグレード別に男女でみると、ジョブグレードが上にいくほど、女性の昇進確率が低くなっている。たとえば、一七・二％の男性がG6からG5に昇進しているのに対して、同じグレードに昇進している女性は八・四％と低い。さらにグレードがG5からG4に上がる確率は、男性が一一・二％なのに対して、女性は五％と半分以下になっている。ちなみにここでは数字が低いほどグレードが高いと考えて欲しい。つまり昇進の速度に大きな男女差が見られるのである。

それでは、こうした格差はなぜ生じるのか。最近の研究成果から、格差がもたらされるさまざまな要因を整理することで、女性の活躍を阻む日本の労働市場の構造的問題を明らかにしよう。

二．管理職の意識

仕事の割り振りの男女差

どのようなメカニズムによって格差が生み出されているのだろうか。「くっつく床」が観察される理由の一つは、割り当てられる仕事が男女で異なることにある。原（二〇一七）は、日本の大手企業で導入されているコース別人事管理制度によって、男性は企業内部で昇格・昇進をくりかえしてキャリアを築く総合職、女性は総合職をサポートする補助的な業務に就くことが多く、それが女性の初期キャリア形成の難しさにつながっているのではないかと述べている。

仮に同じ総合職として採用されたとしても、昇進の速度に差が見られるという実証研究もある。大槻（二〇一五）は、男女同一待遇・同一職務で採用され、電気メーカーのシステム部に配属されたシステムエンジニアを対象にインタビューを実施した。その結果から、女性が男性と同じ職種に就いていても、仕事の割り当てに男女差があり、それが男女間賃金格差につながっていることを実証している。

この研究によると、女性は新任の配属で女性向きとされる部門に配属される傾向がある。システム導入時には徹夜になるなど残業があり勤務が厳しく、長期出張が多い部署には男性が配属されやすい。

これはステレオタイプ論とよばれるもので、雇用主や管理職の偏見にもとづき、女性は事務、広報、女性消費者向けのマーケティングなどの職に配属される傾向があるという。しかし実際には女性という理由だけで、広報や女性向けの商品開発に向いているとは限らない。その結果、人的資源が有効に活用されないという問題を生じさせているのである。

こうした職務の割り振りは全社的な方針ではなく、各部署での管理職の考えによって決まっている。会社の方針としては男女同一職務を基本としつつも、各職場における仕事の割りあては管理職に権限がある。そのため大槻は、仕事の割り振りの男女差をなくすためには、管理職研修が有効であると述べている。

評価制度にもたらされるジェンダーバイアス

日本では一九九〇年代の終わりから年功序列型の賃金制度から、成果主義の賃金制度に変更する企業が相次いだ。しかしもともと年功序列型の賃金制度を取っていた企業では、成果主義に転換した後、女性の管理職比率が減少する傾向にあるという（Kato and Kodama, 2016）。これは、女性は男性よりも職務遂行能力が低いということではなく、評価に主観性が入ってしまうことで、無意識の女性差別意識がそこに反映されてしまうこと、また、女性は競争的な環境を好まないので、競争を避けてしまう傾向があることなども評価を低くしてしまう理由ではないかと考えられている。

社会心理学の研究においても、男性管理職は男性目線で部下を評価し、管理職に必要な資質を持っている女性人材がなかなか評価されない傾向にあることが指摘されている。カンター（一九九五）は、管理者は自分たちと適合する人物、自分たちと同種類と思える人物のために権力と特権を保証すると述べている。

その証拠に、評価が客観的な基準で公平になされており、その評価に透明性が確保されている場合には、このマイナスの効果が相殺されている。加えてフォーマルな企業内研修制度があったり、上層部と組合との間で情報の共有がされているような場合にもこのマイナスの影響はみられない。

このように、管理職の無意識の偏見が評価に反映されているとすると、制度を整えるだけでなく、それを実際に運用している管理職の意識改革が同時に必要になる。この点については第十二章で論じる。

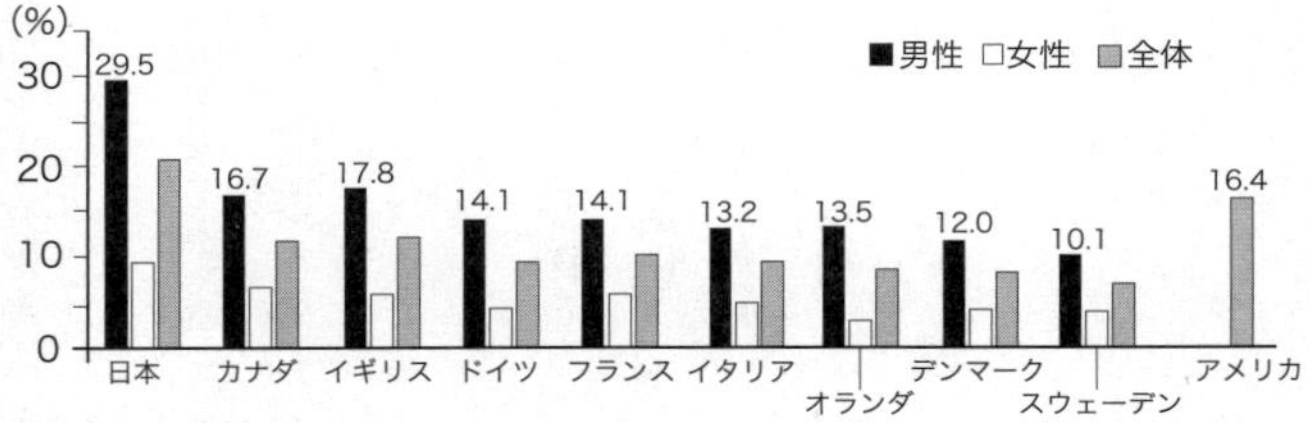

（出典）労働政策研究・研修機構　データブック「国際労働比較」2017

図5-2　週49時間以上働いている就業者の割合

三．長時間労働

労働政策研究・研修機構が二〇一三年に行った男女正社員のキャリアと両立支援に関する調査によると、従業員数が三百人以上の企業につとめる女性従業員のうち三人に一人が、管理職への昇進を望まない。その理由として「仕事と家庭の両立が困難になる」ことをあげている。

なぜ家庭との両立ができなくなるのか。

日本は長時間労働社会だ。労働政策研究・研修機構のデータブック「国際労働比較二〇一七」から、週四九時間以上働いている就業者の割合を国際比較すると、二〇一五年に日本の男性就業者の三割が該当するのに対して、アメリカは一六・四％（男女の労働者が含まれているので過小評価されている可能性があるが）、イギリス一七・八％となっており、長時間労働をしている就業者の割合は日本が高い（図5-2）。また、リーマンショック後の二〇〇九年に総労働時間が減少しているが、その後総労働時間は増加している。たとえば、従業員数が五百人以上の会社に勤める正社員の労働時間は二〇一〇年の一九五四時間から二〇一六年の一九五五時間とほとんど変化していない。

長時間労働と理想の社員像

長時間労働は、それが評価されるから起きている。長時間働くことが評価されると考えている人の方が、そうでない人よりも労働時間が長いのだ。他方二〇一三年に内閣府が実施した「ワーク・ライフ・バランスに関する個人・企業調査」によると、所定労働時間内に仕事を終えることが人事評価でプラスに評価されていると回答しているのは全体の一六・三%にすぎない。

なぜ長時間労働は評価されるのだろうか。ブリントンとムン（Brinton and Mun, 2015）は、大手企業二十五社にインタビューを行った結果から、管理職は、家庭責任よりも仕事を優先させる社員の方が望ましいと考えていることを指摘している。

また、繁忙期の残業時間を月一〇〇時間未満にするなど、長時間労働に歯止めをかけようとする政府の働き方改革に対して、二〇一七年四月二十四日の雑誌『週刊現代』

では、「本当にそれでいいのか」と批判的な議論を展開している。

この記事が興味深いのは、高度成長時代を支えた上の世代の経営層の価値観を知ることができるからだ。以下引用してみよう。

ただでさえ、日本ではさらなる少子高齢化が進み、経済力が低下することは避けられない。その上に、一人ひとりが働かなくなれば、坂道を転げ落ちることは目に見えています。むしろもっと働いて、技術を磨かなければいけない時なのです。いったん楽を覚えてしまった人間は、頑張りたくても、いざという時に体力も知力もなくなってしまっている。そうなったら手遅れです。

（元東海銀行専務　水谷研二氏）

もっと昔のように汗を出せ、知恵を出せ、もっと働けと言うしかない。それに尽きます。

（伊藤忠商事元会長　丹羽宇一郎氏）

これらの発言からわかるのは、上の世代の経営幹部は、長時間労働こそが日本経済再生の鍵だと認識していることである。

ある管理職によると、長時間労働がとくに評価制度に反映されているわけではないという。しかし、夜の二十時あるいは深夜まで会社にいるのが常態となっている。つまり、それが職場の標準として規範化されている。

女性が管理職になるということは、そのなかで子育てと仕事を両立させることが求められるということである。そのために女性の管理職の多くは、子供がいないかあるいは結婚していないケースが多い。

長時間労働とメンバーシップ契約

なぜ日本では、長時間労働が常態化するのか。それは日本型雇用システムが、職務ではなくメンバーシップ契約が前提になっているからだ。

濱口桂一郎（日本労働研究・研究機構）は、日本の雇用慣行の特徴について以下のように分析する。日本の雇用契約では、具体的な職務を定めず、その代わりその都度職務が書き込まれるようになっている。いわば雇用契約は、何でも書き込める空白の石版である、と。こうした雇用契約の法的性格は、地位設定契約あるいはメンバーシップ契約と考えることができる。そして、そのメンバーシップ要件の一つに、会社の要請があれば残業をすることが含まれている。それができないとフルメンバーにはなれないのだ。リクルートワークスの石原直子はこう述べる。

長時間労働が常態となると、時間に制約があるということは、すなわち会社のフルメンバーじゃないということになるんですよね。しかも管理的なポジションについているひとは、時間は無制限にあり、仕事を優先できる人と考えられている。（ワーキングマザーは）同じ条件で働けないからフルメンバーじゃないといわれているわけです。

（大沢、二〇一五、六五頁）

石原は仕事内容を具体的に定めず、その都度会社の命令に従って仕事の内容を変えるメンバーシップという考え方が、長時間労働を温存し、女性人材の空費につながっているとみる。男性を含めた生産性の向上と労働時間の短縮が不可欠になっている。

四. 短時間勤務制度とマミートラック

正社員短時間勤務制度

子供を産む女性にとって、出産前後の数カ月間はどうしても仕事を休む必要がある。産休や育児休業などの仕事の中断は、女性の昇進にどのような影響を及ぼしているだろう。

一九九二年に育児休業法が制定されて以後、日本政府は女性が仕事と家庭を両立するための環境づくりに力を入れている。二〇〇五年の育児介護休業法の改訂で、育児休業は女性だけではなく男性にも認められるようになり、企業は子供が三歳になるまでに、就業時間の短縮やフレックスタイムの導入、託児所の提供などの措置を講ずることが義務づけられた。さらに二〇一〇年からは勤務時間を一日六時間までとする短時間勤務制度がすべての事業所に措置義務として導入されることになった。

その結果、育休取得者の定着率が上がり、離職率が減少している。厚生労働省の『二十一世紀出生児横断調査（平成二十二年出生児）』によると、出産前に仕事をしていて、出産半年後にも仕事を継続している女性の割合を二〇〇一年と二〇一〇年で比較すると、三二・二％から四五・七％に増加している。短時間勤務の義務化は出産後の女性の就業継続に貢献しているといえるだろう。

マミートラックへの転換

ところが、いい効果ばかりではない。

短時間勤務制度の導入によって、「マミートラックへの転換」がおきてしまい、男女間賃金格差が拡大するという新たな問題が指摘されているのである。

出産や育児を機に女性が昇進の可能性が低い部署に配属され、キャリアが停滞してしまうことを、マミートラックへの転換と表現される。

育児期の短時間勤務制度は、女性の継続雇用にはプラスになるが、昇進にはむしろマイナスだという結果になっている。子供がいない場合には男女で昇進に差がない企業においても、子供がいる女性の場合は、昇進の時期がずれるだけでなく、昇進確率そのものも低くなるのだ（大内、二〇一二）。

また、日本の大手総合化学メーカーの企業内人事データ（二〇〇五～二〇〇九年）を調べたところ、育児休業が社員に所得の低下というペナルティをもたらすことが明らかになった（Kato, Kawaguchi and Owan, 2013）。育児休業期間が七カ月を超えると所得の低下がみられ、育児休業期間を一年取り、短時間勤務制度を利用すれば、所得は一七%減少することがわかったのである。男性の場合三カ月間育児休業を取ると、七～一一%の所得の減少が生じていると推計している。

これらのペナルティは高学歴の従業員を対象に推計するとより顕著にみられる。とくに高学歴の女性労働者が経験する大きな所得の減少は、ただ単に育児休業や短時間勤務制度を利用するからではなく、そのことによって、より高度なスキルが要求されるキャリアトラックから、仕事の範囲がより限定的な部署への移動がともなうからである。

キャリアを築けない女性たち

Aさんは、大手サービス業で正社員として働いている。九六年の就職氷河期に入社し、三十代で第一子を出産後、育児休業を取得。現在は四歳の子供を育てながら短時間勤務制度を利用して仕事と育児を両立させている。当初は一年で復帰しようと考えていたが、保育園の空きがなく子供を入れることができなかった。休業は二年間に及んだ。Aさんは次のように語る。

復帰後は、以前の職場とは異なり、自分の得意ではない分野に配属されました。出産して子育てをしながら（仕事を）続けている女性が多い部署だったので人事がそこに配属してくれたのだとおもいます。その部署で一年仕事をしていましたが、まったくやったことがない仕事をやらなければならなかったことと、上司が厳しかったことが重なって毎月のように熱を出しました。それが半年も続き、それをみて子供が不安定になる。それが一番きつかったです。病院に相談したら、それはストレスからくる不調なので一度職場を離れてみてはどうかといわれ、決心して二カ月休職しました。

（大沢、二〇一五、六二頁）

萩原（二〇〇六）は、ＩＴ企業ではたらく女性システムエンジニアの事例を紹介している。出産し育児休業を取得した後に職場に復帰すると、いつのまにか人事や庶務などの管理部門にまわされ、結局社会で培ってきたキャリア継続ができないまま「長く働く」ことになったという。

これらの例が示すのは、出産後の継続就業は可能になったものの、キャリアの継続性という面においてはまだ問題が多いということである。

短期的に仕事と家庭の両立がしやすい部署への転換は就業継続という観点からいえばメリットがあるが、そこに長くとどまれば、キャリアが発展しにくい。

リクルートワークスの石原直子によると、復職したものの、出産を経験していない同期や後輩が活躍するのを傍目に見ながら、自身は補助的な仕事に終始しているとしたら、自分自身が活躍しているイメージがもちにくいという。もう一回ギアを入れるためにはどうしたらいいのかと悩む女性も多い。

従来、女性が活躍できない原因は女性側にあると考えられてきた。たとえば女性は勤続年数が短く、結婚や出産で仕事を辞める人が多い、というように。しかしここまでみた通り、男女間の昇進や賃金における格差は複合的な要因によって生じている。仕事の割り振りの男女差、昇進のスピードの差、長時間労働、短時間勤務制度がもたらす能力開発への負の影響などである。女性の側に要因があるわけではないのだ。

アメリカの最近の研究でも、男女間賃金格差の七三％は、企業内の男女の昇進や昇格の速度の違いによってもたらされていると言われる（Goldin et al., 2017）。それらは、長時間労働を評価する職場の風土や管理職の無意識の偏見から生み出されることが多い。この意識が作る壁をどう壊したらいいのかについては、第十一章で論ずることにしたい。

第六章

転職しづらい日本の労働市場

一．人的資本論

人的資本論と熟練形成

第四章で述べたように、いま日本でも転職型の女性たちは増えているものの、離職期間が長くなるほど、再就職が難しく、また再就職後の待遇も下がる傾向にある。その理由は仕事上のスキルを獲得する「熟練形成」における日本独特の問題があるからだ。

熟練形成のプロセスは、労働市場の構造の違いによって異なる。その違いを見るために、まずは人的資本論についてみてみよう。

人的資本論では、教育を将来の所得を増やすための投資だと捉えている。消費することによる満足はいますぐ得られるが、投資による効果はあとになって生じる。わたしたちは、生涯にわたって自分の稼得能力を高めるために、費用を自分で負担して自分に投資し、所得の増加という形で生涯にわたってその見返りを得ると考えるのが人的資本論である。

一般スキルと特殊スキル

学校教育はもちろんだが、個人は学校卒業後も仕事をしながら自分の人的資本（仕事の経験）を蓄積することで、自身の所得を増やしていく。

人的資本論では、仕事をするために必要なスキルを二つのタイプに大別している。一つは、一般スキル（general skill）とよばれるもので、どこの会社にいっても使える汎用性の高いスキルだ。たとえば、英語力やＯＡ機器の操作方法、簿記などが該当する。これらの一般スキルは個人が自分で身につけられるものである。

もう一つは企業特殊的スキル（firm specific skill）と言われるもので、勤務している企業でのみ通用するスキルである。たとえば組織の中で培った人間関係、その企業で使われている独特のビジネス慣行などは、企業に勤めている間は仕事をするうえでの重要なスキルとなるが、その企業を離れてしまえば、別の組織で新しい人間関係を築かなければならない。つまり、転職をすると失われるスキルだ。

実際に仕事をする場合には、両方のスキルが必要であるのだが、ここで二つを分けているのには理由がある。スキルの獲得には費用が発生するのだが、その費用を誰が支払うのかが、スキルタイプによって異なるからだ。

一般スキルの場合には、転職してもスキルは次の職で活かせるので、個人が費用を負担し、その見返りも個人が享受する。他方、企業特殊的スキルの場合は、そのスキルは特定の企業でしか生かせないため、訓練にかかる費用は雇用主と労働者がともに負担する。

企業の人的資本投資を日米で比較してみると、日本の企業の方が労働者への投資額が多く、より多くの訓練をしている。つまり日本の従業員はアメリカにくらべて企業特殊的なスキルをより多く獲得していると考えられる。

また企業特殊スキルの場合、投資の回収率は勤続年数が長いほど高くなるので、企業は従業員の離職に神経をとがらせることになる。短期に従業員が転職すると訓練コストが回収できないからだ。実際、日本の企業は自社の社員への投資額が多いと同時

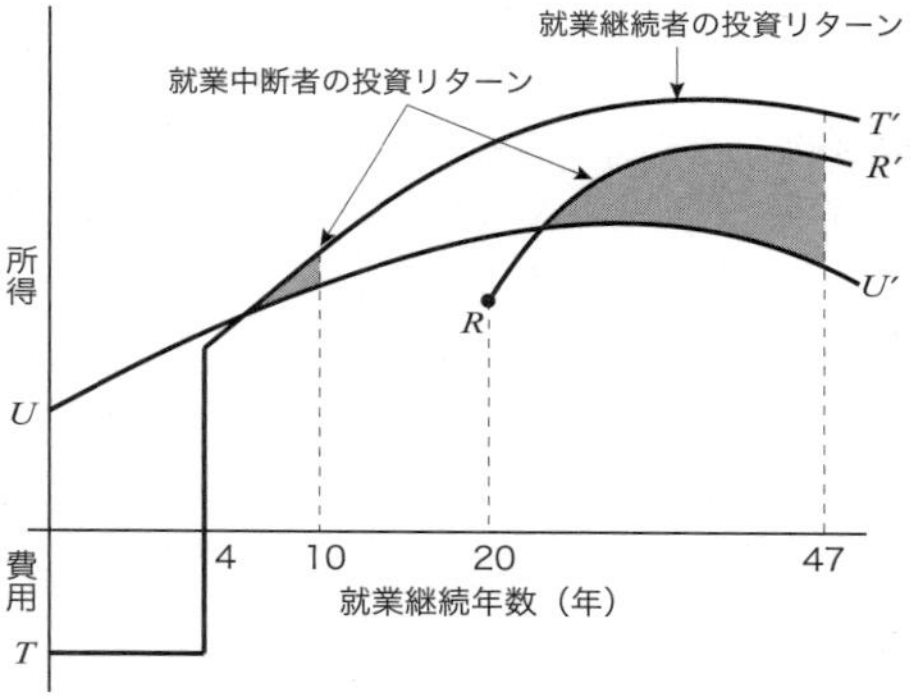

図6-1　就業中断の予想が教育投資にもたらす影響

に、アメリカの労働者に比べて転職率も低くなっている。つまり企業が従業員にどれだけ投資をするかは、定着確率と大きな相関関係をもつことになる。

就業中断と一般スキル

就業中断は企業だけでなく、個人の人的資本の投資にも大きな影響を及ぼす。図6－1は、就業を中断した場合とそうでない場合の人的資本とその回収率の違いについてみたものである。

図中の曲線U－U'は、大学に行かずに就職した場合の仮定的な生涯所得を表している。また折れ線T－T'は、大学に進学し、卒業後継続して就業した場合の費用と生涯賃金を表したものである。一般スキルを仮定しているので個人が投資費用を負担し、トレーニングが修了したら、その便益（所得の増加）も個人が負担する。図中では $U-U'$ と $T-T'$ の差が進学した場合に増加する所得を示している。

ここで就業を中断した場合について考えてみよう。たとえば十年目の時点で就業を中断し、二十年目に再就職したとする。この場合、中断期間にスキルが低下している場合が多いので、再就職時の所得は中断前よりも低くなるだろう。しかし、その後は仕事の経験を蓄積することができるので、それにしたがって所得も上昇する。このとき就業中断後の所得は $R-R'$ で表される。灰色で囲ったふたつの部分が人的投資のリターンとなる。単純にこの二つを比較すると、就業を中断することで投資の効果が減少してしまうことがわかる。

以上の議論では、自己投資をして一般スキルを身につけると仮定した。これが企業特殊的なスキルの場合には、離職して別の会社に移り、まったく訓練を受けなければ、所得は $U-U'$ に落ちてしまう。その結果、企業特殊スキルに投資した場合、一般スキルに投資した場合と比べて人的資本の投資効果はさらに低下することになる。

つまり再就職時にも活かせる専門性を獲得しておくことが、キャリアを築く際に重要なのである。

ミンサーとポラチェク（Mincer and Polacheck, 1974）は、もともと女性は就業中断を予測しているので、中断してもスキルの低下が少ない専門職を選ぶ傾向があると述べている。さらに就業継続を予想するようになると、前の世代よりもより高度な専門職に就くために大学院に進学するようになるのである。このことについては次章でみていく。アメリカの女性が活躍しているのは、自ら教育投資をすることで、専門性という一般スキルを身につけたからだといえる。

他方日本では、企業で働きながら仕事の経験を積むことによって仕事の能力を高めようと考えるのが一般的である。そのため日本の大学生は自らに投資して専門性を身につけるよりも、男女ともにどの企業に就職して自分のスキルを高めるかということに関心が集まりやすい。

こう考えると、一度就業を中断した後の女性の給与は、アメリカの方が高く、日本の方が低くなることが予想される。

またこうしたスキル形成の違い、仕事の能力を高めていくプロセスの違いが、日本で転職しづらい環境を生み出しているといえる。すなわち、離職後の職場復帰のしやすさ、また転職後の給与水準の違いは、日米の人的資本の投資方法の違いで説明できるのである。

ではどうしてこのような違いが生まれたのか。もう少し詳しくみてみよう。

二．事務職の女性化の日米比較

タイピングの一般スキル化

アメリカでは事務職が女性の仕事になって、女性労働者の就業パターンがM字型に変化した。なぜ事務職は女性の仕事になったのか。

その一因に、タイプライターの発明によって、事務職に必要とされるスキルが企業特殊的なものから、企業以外で学べる一般スキルに変化し、タイピストになるための技能が高校で習得できるようになったことがある（Goldin, 1990）。つまり、仕事に必要なスキルが、会社の外で学べるようになったのだ。

タイピングや速記のスキルは会社の外で学ぶことができ、特定の会社ではなくさまざまな会社で使用できる。そのため結婚後に再就職をする女性が増えたのである。一九五〇年には事務職に従事するアメリカ女性の四割は既婚女性になっている。

静かな革命とは、女性が自分の人生を選択できるようになり、自分なりにデザインできる環境が整えられたことによって起きた革命であるといえる。それは自分自身に投資し、人的資本を蓄積することで実現できる。もちろん個人はまったく自由に選択ができるわけではなく、さまざまな制約の中での選択ではある。社会はその制約を少なくする必要があり、個人は自分がどのような職業につき、どのような人生を送りたいのかを考えなければならない。

日本の女性雇用の変遷

それでは女性の仕事が工場生産から事務職になり、会社以外で仕事のスキルを身につけられるようになるという変化は、日本でもみられるのだろうか。

戦後日本でも、女性の就業先が製造業から事務職に移行した。一九五五年から八〇年にかけて女性雇用者に占める事務職従事者の割合は一四・一%から二六・二%へと上昇している。一方、生産労働者の割合は三八・三%から二六・一%へと減少している（大沢、一九九三）。

日本の職場に大型コンピューターが導入されるのは、六〇年代の後半である。すると日本でもキーパンチャー、コンピューターオペレーター、テレタイピストといったデータ処理関連部門に女性が配属されるようになる。また専門・技術職への女性の参入も増加する。その結果、事務職や専門技術職に占める女性比率は一九六〇年の三三・三％から八〇年には四八・四％に上昇している。その多くは独身の女性であった。

ところが、一九九五年の「社会階層と移動調査（SSM調査）」をもとに日本の事務職の女性化とそれが女性のキャリア形成に与えた影響について分析した研究によると、二十〜二十九歳層の若い世代ほど、初職が事務職の女性が増えているものの、初職が事務職だった女性の多くは三十歳時点で労働市場から離れている。職業別の離職率は事務職で最も高い。

つまり、若いときに事務職で働く女性は増えたのだが、アメリカのように事務職として採用された女性が離職後再度事務職につき、年齢別の就業率の変遷がM字型になるという現象は日本ではみられていない（日本労働研究機構、二〇〇〇）。

しかし、日本でも年齢別の女性雇用就業率の一九五五年から一九八五年における変化をみると、一九五五年は二十〜二十四歳にピークをもつ山型であるのに対して、一九七五年から八五年にかけては四十〜四十九歳の年齢層で第二のピークがみられるようになる。この第二の山を形成したのは、工場生産部門で働く女性たちであった。

生産職から事務職への移行の特徴

第一章ですでに述べたように、日本では一九六〇年から七〇年にかけて高校への進学率が上昇し、製造業で働く中卒の男性労働力が不足した。それを補うために、農業部門で家族従業者として働いていた女性が製造業の生産工程職に就くのである。また、企業の側でも既婚女性が働けるように、生産工程を単純化するなど工夫をした（塩田、一九八五）。多くは家計所得を補うために製造業のパートタイム労働者として働いていた。これは日本特有の現象だ。

なぜ日本の既婚女性は、ブルーカラー職についたのか。それは戦後日本の経済発展が急速に進んでいったことに関係している。農業部門から工業部門への移行が急速に起きたこと、同時に高校への進学率が上昇し男性労働力が不足したことが重なって、既婚女性が余剰労働力として、工場で働くようになったのである。

桐野夏生さんの代表作の一つに『ＯＵＴ』という推理小説がある。その小説の主人公は弁当工場で働くパートタイム労働者で、夫はサラリーマンである。桐野さんは海外のジャーナリストから、「なぜ妻はブルーカラー労働者で夫はホワイトカラー労働者なのか」と聞かれるそうだ。海外での共働き夫婦の場合、夫も妻も同じ階級である場合がほとんどだからだという。

このエピソードは、若い世代はホワイトカラー労働者になり、中高年の既婚女性はブルーカラーのパートタイム労働者になるという日本の雇用の特徴をよくあらわしている。ちなみに、ここでのパートタイム労働者のほとんどが主婦であり、夫の被扶養者であったので、仕事を失ったときのセーフティネットは特に用意されていなかった。しかしのちに独身の男女が非正規労働者として働きはじめると、それが大きな社会問題に発展していくのである。このことについては、第九章と第十章で詳しく述べる。

内部労働市場と外部労働市場

なぜ日本では、離職後に職場復帰する事務職女性の数が少ないのだろうか。こうした状態を説明するために、一九五〇年にアメリカで生まれた二重労働市場論と呼ばれる理論を用いる。

労働市場は労働サービスが取引される場所だ。外部労働市場（転職市場）では企業が出す求人と働く側が求める労働条件が一致したところで賃金が決まり、雇用量が決定される。それとは別に、入社してから企業組織内でさまざまな経験を積み、昇格昇進を重ねながら仕事の習熟度を高めていく労働市場が存在する。それを従来の外部労働市場とは区別して、内部労働市場と名付けている。

どの国でも外部労働市場と内部労働市場があるのだが、日本では六〇年代の高度成長期に内部労働市場が急速に発展した。海外から新しい技術を学びそれを改良して自らのものにするためには、組織の中で技術者を養成するのが最も合理的な方法であったからだとされている。

他方、経済がゆるやかに成長している国では、内部労働市場と同様に外部労働市場が発展した。その結果エンジニアの転職が活発になるなど、会社の枠を超えた専門性をもとにキャリア形成が行われるのである。

アメリカでは、若いときにキャリアアップを目指して転職する人が多い。同じような職種でより条件が良い職場に移動しながら自らの稼ぐ力を高めていくのである。またほかの会社で良い条件が提示されれば、それを現在の自分の職場に持って帰って、労働条件を引き上げてもらえるか交渉する。他の会社からの引き合いがあるほど、労働条件もよくなっていく。この場合の労働条件には、賃金だけではなく、働きやすさも重要な要因になる。

ところが日本では、外部労働市場がアメリカほど発展していない。内部労働市場と外部労働市場がうまくつながっていないからだ。また企業特殊的なスキルはその会社のなかでは高く評価されるが、他の会社ではそれほど評価されない。つまり年齢が高くなるほど、転職によって失うものが大きくなっていくのである。

いま述べたように外部労働市場が発達しておらず、転職をしながらキャリア形成をするような環境が整っていないので、社会人入学者の割合も諸外国に比べて低い。

図6-2は、大学の学士課程に占める二十五歳以上の入学者の割合を国際比較したものである。OECD諸国の平均値は一八・一%であるのに対して日本では一・九%と極端に低い割合になっている（二〇一二年調査）。

つまり日本では、結婚後に高学歴の女性が再就職をしようとしても、過去の仕事の経験が生かせる仕事に就きにくい構造ができてしまっているということだ。いま述べた日本の労働市場の問題によって、高学歴の女性の再就職が難しくなっているのである。

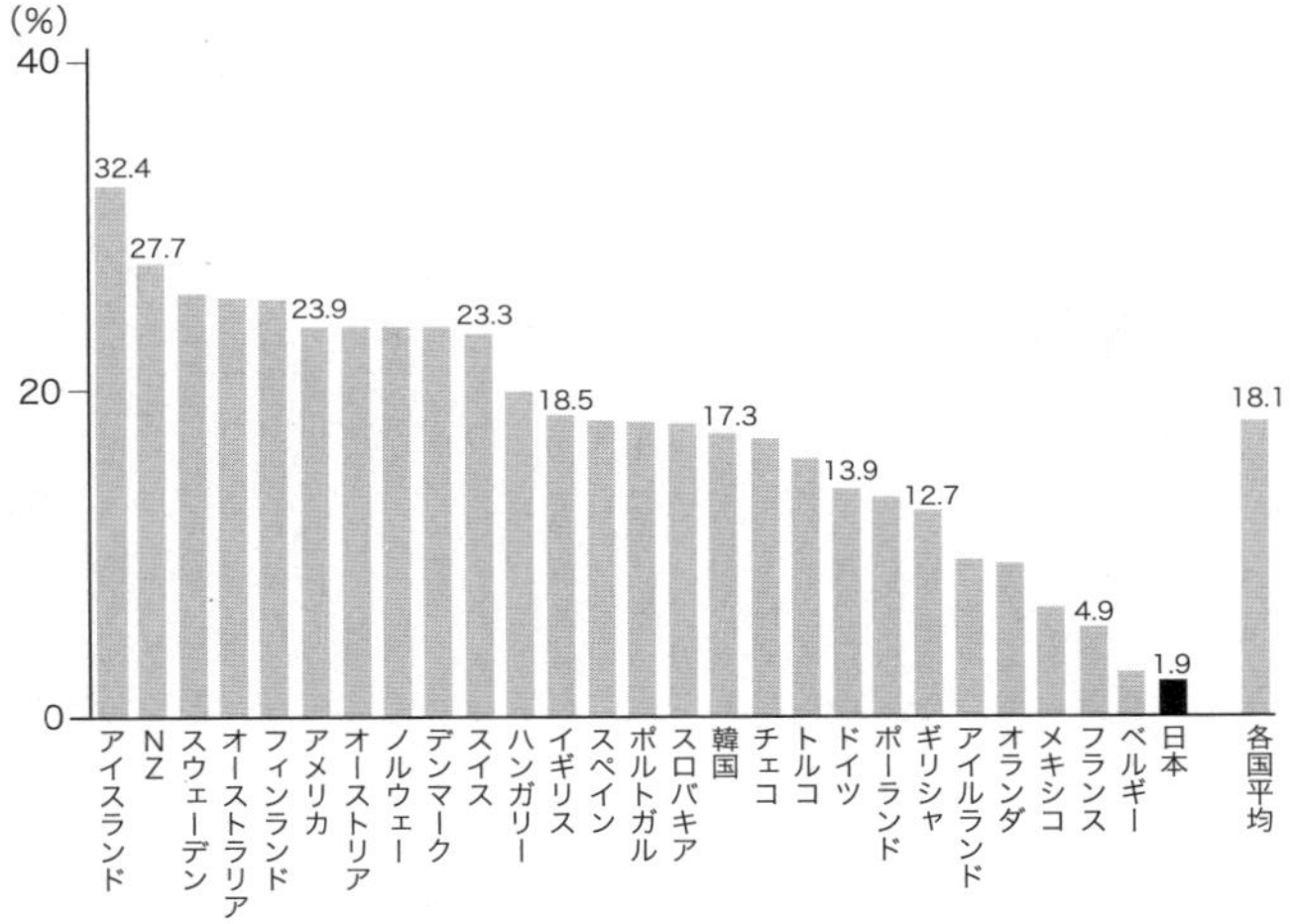

（注）ただし、日本の数値については、「学校基本調査」及び文部科学省調べによる社会人入学生数（4年制大学）。
（出典）大学型高等教育機関「OECD　Stat Extracts」（2012）

図6-2　大学学士課程に占める25歳以上の入学者の割合

資格取得の重要性

しかし第五章で述べたように、日本においても転職する人が増えるに従って、資格の重要性も高まっている。司法書士、行政書士、社会保険労務士の資格を持つ人の三人に一人、裁判官・検事・弁護士・税理士・公認会計士の資格を持つ七割がその資格を活かして就職している（斎藤、二〇一五）。

ここまでみてきたように、スキル形成には日米間で違いがある。そんななか、日本よりも転職しやすいアメリカでも、ダブルインカムが必要な社会になってからは、資格の重要性が急速に増している。日本でも若い人の間で労働力の移動が頻繁になってきており、生涯働き、キャリアを形成したいと考えている女性にとっては、資格取得などによって、転職をしても価値を失わない一般スキルを持つことが重要になっているのである。

◉第七章

教育と女性の就業

一．教育と女性の就業

モナリザ・スマイル

いまでこそアメリカは、女性の職場進出が進んでいる国として取り上げられることが多いが、ジュリア・ロバーツが主演した映画「モナリザ・スマイル」では、いまとはまったく違う五〇年代のアメリカが描かれている。

舞台は一九五七年のアメリカの名門校ウェルズリー。ここに一人の若い女性が美術史の教員として赴任する。ウェルズリー校といえば、昔からアメリカでリーダーとなる女性を生み出してきた名門校。前国務長官のヒラリー・クリントンの母校でもある。しかし、そのようなアメリカの女性の知性が結集する大学でも、一九五〇年代には女性の最終ゴールは結婚であり、内助の功で夫の出世を支えることが妻の役割と教えられていた。

そこにジュリア・ロバーツ扮する若い美術史の先生が赴任し、生徒に自分の頭で考えることの重要性を説き、結婚をゴールとするのではなく、その先に自分の可能性を見いだせと熱く語る。

映画のなかに印象深いシーンがある。優秀な学生の一人が大学院に進学するのか、結婚するか決めかねて先生に相談するシーンである。どうして両方を選択できないのかと問う先生に、生徒は「あなたは結婚という女の幸せをどうして否定するのか」と食ってかかる。背後に当時のアメリカの社会には結婚が女の幸せという強い社会規範があったことがうかがえる。

この映画の時代設定を七〇年代に移すと、このような物語はもう成立しない。大学が、個人の将来の稼ぐ力を高める役割を果たすようになるからである。

女性の高学歴化と社会進出の進展

雇用者として働く女性が増える主な要因は、女性の賃金が上昇したことである。このことは第一章と第二章でみた。一方で、一九八三年にイギリスのサセックスで開催された女性の社会進出に関する国際会議では、多くの国で女性の教育水準の向上が、賃金の上昇とは独立して、既婚女性の社会進出にプラスの効果をもたらしていることがわかった。もちろん教育水準は市場賃金に大きな影響を与えるが、その効果を除いても、教育年数の長い女性ほど結婚後の就業率も高かったのである。

つまり静かな革命を推進したのは、サービス経済化にともなう女性の市場賃金率の上昇だけではなかった（第一章）。高等教育機関がその推進役を果たしたのである。

ところが唯一の例外があった。それが日本だ。日本では教育水準が高いほど賃金も高いという結果は観測できるのだが、その影響を取り除くと、教育の効果は消えてしまう。これは前章でみた両国の熟練形成プロセスの違いとも関係してくる。教育と女性の就業の関係についてみてみよう。

アファーマティブ・アクションと就業

図7−1は、アメリカの女性の教育年数と雇用就業率の関係をみたものである。一九五〇年や六〇年では教育年数による女性の雇用就業率の差はそれほど大きくない。

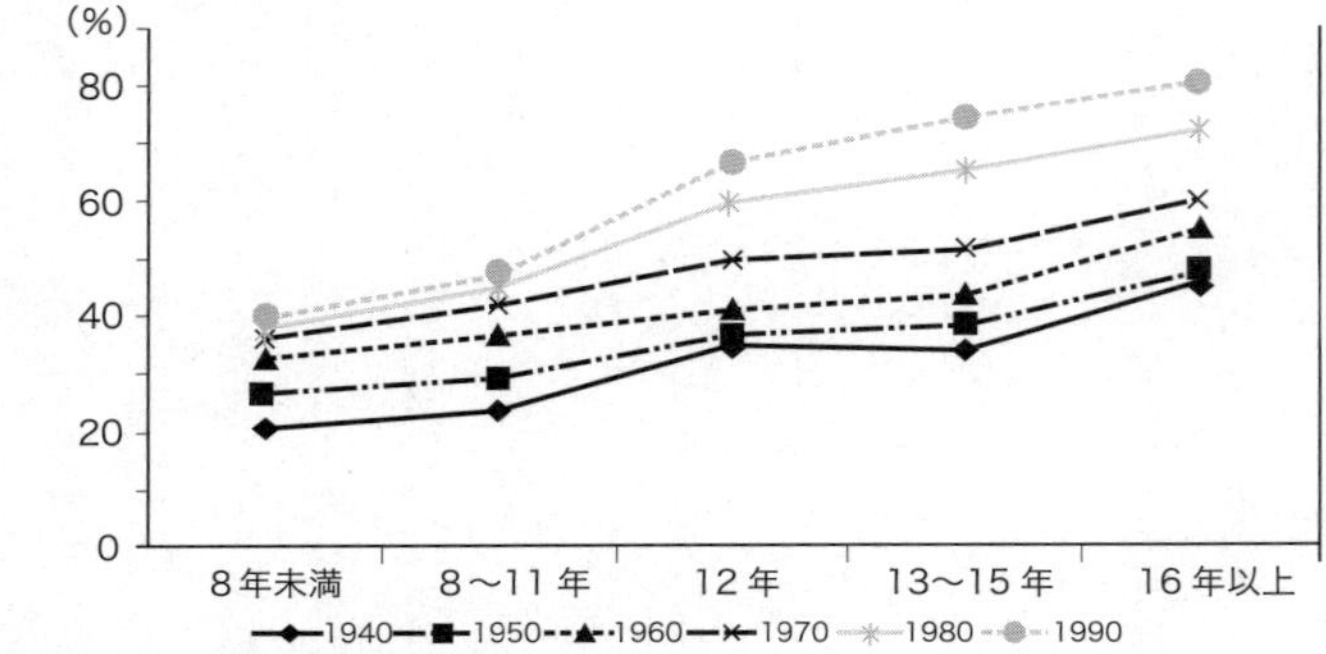

（出典）大沢真知子・原田順子（2006）

図7-1　教育年数と女性の労働力率の関係の推移（アメリカ）

教育を受けることによって、自身の給与を高めたり、社会進出をうながしたりする効果はあまりなかった。冒頭で紹介した「モナリザ・スマイル」の時代だ。

ところが、差別是正のためのアファーマティブ・アクションが導入された一九六〇年代から七〇年代にかけて、両者のあいだに強い正の関係がみられるようになり、一九八〇年から九〇年にかけてその関係がさらに強くなっていることがわかる。

ということは、政府主導のアファーマティブ・アクションが独自に、教育促進効果を持ったのである。

アファーマティブ・アクションとは、黒人や少数民族、女性など歴史的、構造的に差別されてきた集団に対し、雇用や教育などを保障するアメリカの特別優遇政策だ。
一九六四年の公民権法で、人種、皮膚の色、宗教、性、出身国に基づく差別的取り扱いが禁止され、一九七二年には教育機関における同様の差別を禁じた、教育基本法の改正が行われた。これによってたとえば、家庭科の受講を女性のみに義務付けたり、特定の人種や政治信条の人の入学を大学側が拒否することはできなくなった。他にも教員の採用、奨学金の授与、研究費の支給など、教育におけるあらゆる差別が禁止されたのである。

男性は仕事、女性は家庭という役割分業が当たり前の時代には、アメリカの女性たちも働くことを想定しておらず、大学への進学率も低かった。また女性の就業機会も男性と比較すると限られていたので、大学進学の直接的な経済効果があまり望めなかった。

ところが、上記のように大学が男女の差をなくすための積極的是正策を実施するのと時期を同じくして、雇用分野における性差別も禁じられていく。このような政府のリーダーシップが、教育投資の経済効果を高め、それと呼応するように女性の高学歴化を促したのである。

加えて、大学院への進学率の上昇も見られるようになる。アメリカの専門職大学院への女性の入学者は、一九七〇年以降飛躍的に増加し、一九六六年には経営修士号を取得した者のなかで女性は二・六％にすぎなかったのに対して、一九八一年には二五％、二〇一一年には四五・八％にまで増加している。同じ時期に法律大学院を修了した者の割合も、三・八％から一四・〇％、さらには四七・一％へと増加している（Blau, Ferber and Winkler, 2013）。

エステベス＝アベ（二〇一二）は、いま述べた一連の変化を以下のように描写している。

一九六〇年代には市民権運動と性的意識の変革があり、経口避妊薬などが普及した。妊娠のタイミングを自分でコントロールできるようになった世代の女性たちはその前の世代と違った教育投資を始める。この世代以降、弁護士養成といったプロフェッショナル・スクール大学院への女性の進学率が伸び始める。また、妊娠時期を遅らすことで、母親になる頃には自分のキャリアが自己アイデンティティの一部となっている女性たちが増えてきた。こういう女性たちが従来は男性のみに占められていた専門職・管理職への扉を開いていった。これらの女性たちはその前の世代と異なり、仕事を自分のキャリアとして自己アイデンティティの一部とした最初の世代でもあった。

(エステベス＝アベ、二〇一一、五九頁)

就業と教育が結びつく

では教育を受けたアメリカの女性たちはどんな職業についていたのか。一九四〇年から二〇〇〇年にかけて、三十〜三十四歳の大卒女性の職業の変遷をみると、一九四〇年から七〇年までは、小学校の教員、看護師、図書館の司書、ソーシャルワーカー、秘書などの事務職従事者が全体の六割を占めていた。ところが七〇年以降はその割合が急速に減少し、医師、弁護士、大学教員、管理職といった職業につく女性の割合が半数弱にのぼっている。

アメリカの大学での専攻分野にも大きな変化がみられ、理系やビジネスに関連した分野を専攻する女性比率が急速に増加する。たとえば生物や化学を専攻する学生の女性比率は一九六五年から六六年では二八・二%にすぎなかったのに対して、二〇一〇年から一一年には五九%に、また、商学部の女性比率も同じ時期に八・五%から四八・八%と大きく上昇し、伝統的に男性が多かった専攻分野で急速に男女差が縮小している（Blau, Ferber and Winkler, 2013）。

これは、労働市場の変化に個々人が対応した結果だけではなく、政府がイニシアティブを取って、性差別是正のためのアファーマティブ・アクションを実施したこと、加えて教育機関が自発的に男性の少ない分野への女性の入学を奨励したことなども大きい。最近では特に理系の分野に女性の割合を増やす努力が積極的になされている。

繰り返すが、静かな革命の推進力となったのは、高等教育機関への進学率が上昇し、同時に学歴が高いほど賃金が上昇する労働市場があったことだけではない。アメリカで導入された差別是正のためのアファーマティブ・アクションによって、従来は男性の職業と言われた分野への女性の参入が、政策として進められたことも一つの要因であった。つまり、政府の実施した政策が一定の効果を持っていたということである。

二、日本における高学歴化と就業の関係

一方、日本でも女性の高等教育機関への進学率は上昇しているが、男性職への女性の進出は限界がある。また、高学歴者のその後の就業率にも大きな男女差がみられる。

図7-2は、日本における男女別の大学進学率を見たものである。日本でも一九八

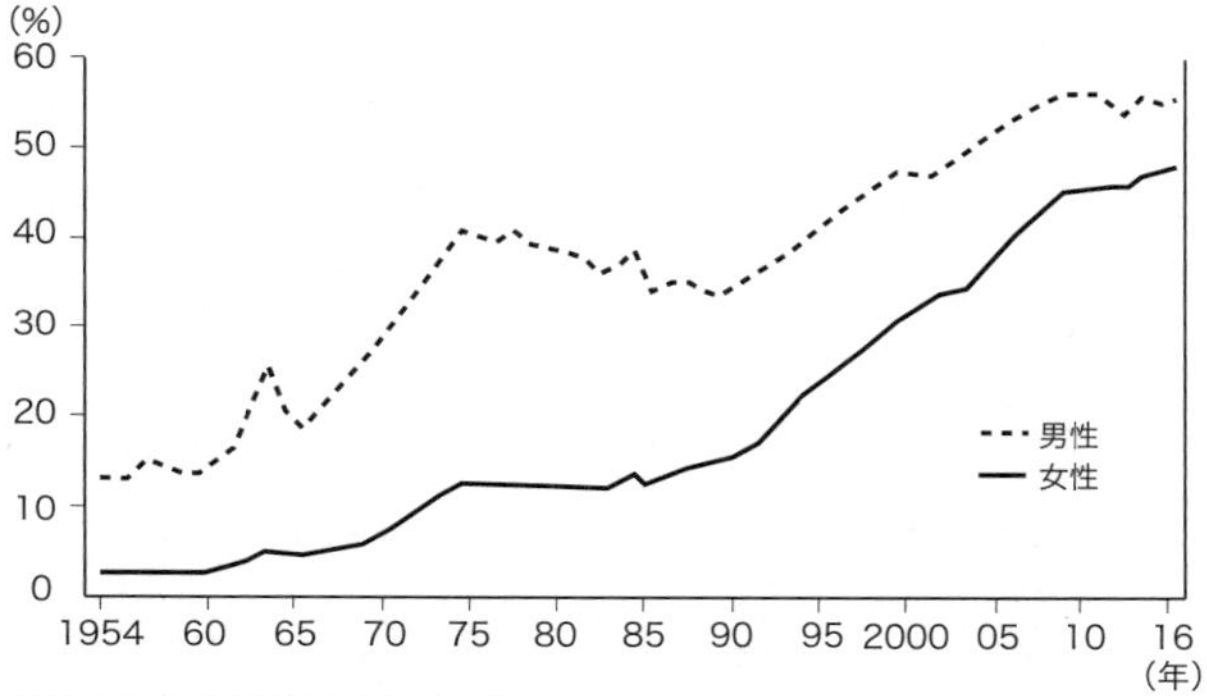

（出典）文部科学省『学校基本調査』より作成

図7-2　大学への進学率の推移

七年に均等法が施行されて以降、進学率の男女差は縮小している。しかし、二〇一一年には男性の大学への進学率は五六％に対して女性は四五・八％と、縮まったとはいえ依然として男女差がある。

さらに、卒業後の大卒の就業率を男女別に見ると、大学以上の学位をもつ男性の九二％が就業しているのに対して、女性の場合は六九％にとどまっており、トルコや韓国と並んで日本は先進国の中で大卒の就業率の男女差が大きい国になっている。このことは、男性と比較して女性は教育への投資効果が低いことを意味している。

図7－3は、日本の女性の大学における専攻分野の推移をみたものである。一九八五年

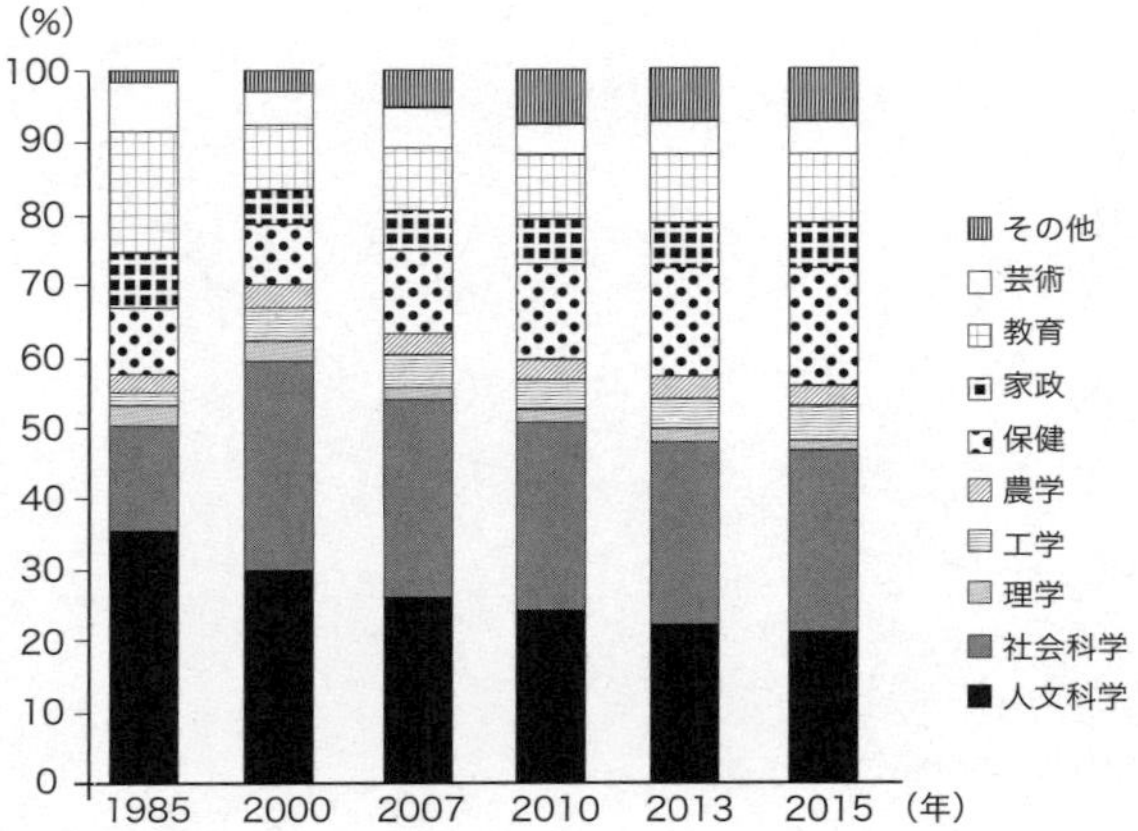

（出典）文部科学省「学校基本調査」より作成

図7-3　大学での専攻分野の推移（女性）

から二〇一五年にかけて人文科学の割合が三五・四％から二一・四％に減少し、社会科学が一五・一％から二五・二％とへと増加している。また、保健が九・五％から一六・五％へと増加しており、卒業後の就職を意識した専攻分野の選択にシフトしていることがわかる。しかしその変化は七〇年代のアメリカで起きたような男性職への女性の進出を反映するようなドラスティックな変化ではない。

もちろんスキルを活かす外部労働市場が形成されていないことも一つの要因として考えられる。しかし、アメリカとの比較で見ると、それだけではなく、就業と教育を結びつけるような、いつでも学び直しができ、労働市場の変化に対応するための新しいスキルが獲得できる教育プログラムの開発が遅れていることも、大きな影響を及ぼしているのではないかと思われる。

◉第八章

企業の法対応の功罪

一．アメリカの法改正

アメリカで起きた静かな革命を後押ししたのは、政府によって導入されたアファーマティブ・アクションであることは第一章や第七章で述べた。一方、日本でも男女雇用機会均等法や男女共同参画基本法などが成立し、女性の社会進出を支えるための法制度を整え、法改正を行ってきた。

この章では、まず日本とアメリカでの法制度の変化について、次にそうした法制度の変化に日本企業がどのように対応しているのかをみていこう。

雇用平等法とアファーマティブ・アクションの実施

一九六〇年代から七〇年代にかけて、アメリカは男女共同参画社会の形成に向けて大きく前進することは第一章でみてきた。背後には経済の構造変化と、その流れをサポートする政府のアファーマティブ・アクション、それに法的な根拠を与えた雇用機会均等法の制定とともに、一九六〇年代後半の女性解放運動の気運の高まりなどがあった。なぜアメリカの法改革は、アメリカ社会の実質的な変化にまでつながる影響力を持ったのだろうか。

過去の社会的、構造的差別によって、人種や性に由来して事実上の格差がある場合に、それを解消して実質的な平等を確保するために政府によってとられる格差是正のための措置のことを、アファーマティブ・アクションとよぶ。一般に「社会における弱者集団の多くを支援するための多くの政策を包括する広範な用語」で、情報提供や意識改革、職業訓練プログラムのような緩やかなものから、雇用や就業において特定の性別や人種などに特別枠を設けて優遇するクォータ制まで幅広く多様なものがここに含まれる（辻村、二〇一一）。

アメリカのアファーマティブ・アクションの起源は、一九六一年三月六日にさかのぼる。当初は人種差別を禁ずる目的で作られたもので、適用される対象に性による差別が付け加えられたのは一九六七年に発令されたジョンソン大統領の行政命令一一七三五号においてである。以降アメリカでは人種や宗教、また性別などによる雇用差別を制度的に禁止し、またいままで構造的に差別されてきた人々の社会進出を促進するために、具体的な数値目標を設定した。またその執行を監督する機関として、雇用機会均等委員会（Equal Employment Opportunity Commission, EEOC）が設置されている。

これにより、六〇年代の後半から七〇年代にかけて、アメリカの社会は大きく変貌する。政府によるアファーマティブ・アクションの追い風を受けて、女性が社会の中核人材へと成長していくのである。

「差別是正」の限界

しかし、八〇年代になると風向きが変わる。このようなアクションに対して、「逆差別」であるとする白人層からの批判が強まった。一九八一年から十二年間続いた共和党政権では、連邦最高裁判官の人事においてもアファーマティブ・アクションを制限的に解釈する判事が任命され、一九八四年のレーガン政権下では関連予算も削減された。その意味で、アメリカで差別是正を目的としたアファーマティブ・アクションが実質的な効力をもったのは六〇年代後半から七〇年代の終わりまでの十五年間であったといえる。また、それを支えたのは、戦前に存在したフェミニズム運動の復活とその思想をもとにしたウィメンズ・リブ運動だと言われているが、この運動も一九七五年までにほぼ終息している（大嶽、二〇一一）。

経済のためのアファーマティブ・アクション

九〇年代がアファーマティブ・アクションの転換点であった。そのころになるとアファーマティブ・アクションの実施は、過去における差別の是正という観点からではなく、多様性を確保することが社会的効用の向上につながるという観点によって正当化されるようになったのである（辻村、二〇一一）。次第にその焦点が社会的平等から、多様性によってもたらされる経済効果に移っていったといえる。

最近のアファーマティブ・アクションに関する研究では、多様性の追求は効率のよい資源活用につながる、あるいは少なくとも効率に影響を与えないということがわかっている（Jacobson, 2013）。

潜在的な能力に男女差がないと仮定すれば、女性の応募が少なければ、その分相対的に生産性の低い男性の候補者が増える。そのためにクォータ制を導入して一定数の女性を雇用することは、有能な人材の確保につながり、企業の生産性向上に資するということである。社会実験の結果、クォータ制の導入によって女性の採用を増やすことが応募書類の質を高めることにつながることが確認されている。

とはいうものの、クォータ制の導入についてはアメリカでも賛否が分かれている。女性の側からも平等に扱って欲しいのであって、特別扱いして欲しくないという声もある。また、アメリカのアファーマティブ・アクションには、国が公民権法第七編を背景に実施するものと、企業や教育機関によって自発的に実施されるものとに分かれる（辻村、二〇一一）。この後者について、クォータ制導入の合憲性が最初に裁判で争われたのは一九七八年のバッキ事件だ。このとき、多様性に配慮し選抜の際にそれを考慮することは合憲であるが、具体的な数字をもってマイノリティ枠を確保することは違憲とされた。ただし採用に関して女性を増やすように配慮すること自体は、法律に違反していないことになる。

また政府内では、一九九一年には雇用機会均等法（EEO）が改正され、ガラスの天井法（Glass Ceiling Act）が成立する。連邦政府内にガラスの天井委員会（Glass Ceiling

Commission）が設置され、企業における女性や少数民族の昇進の壁を取り除き、指導的な地位につく女性や少数民族の割合を増やす試みがなされている。

では、法改正にアメリカの企業はどう対応したのか。最近のアメリカの企業では、関心がジェンダーによる多様性確保から、性別に限らず、性的マイノリティも含めた人びとの多様な価値観や習慣の違いを認めあう、多様性の容認に関心が移っており、育児・介護中の人、身体障害を持つ人、あるいは宗教上の理由から祝日ではない日に休みを取る人たちが不利にならないように制度を整える社会的包摂（social inclusion）がテーマになっている。これについては終章で詳しく論じたい。

二．均等法とコース別人事制度

こうしたアメリカの法制度の変化を受けて、日本でも男女平等社会をめざした法制度改革が行われる。しかしこれまで繰り返してきたように、日本の女性の社会進出は欧米のそれと比べてあまり進展していない。それはなぜだろうか。日本の法制度の変化と企業の対応を追ってみよう。

一九八五年に制定された雇用機会均等法では、事業主に向けて、募集・採用から定年退職までの期間、女性であることを理由に差別的な取り扱いをしないよう努めることが定められた。しかしこれは事業主の努力義務にすぎず、また男性のみの募集は禁じられているものの、女性のみの募集は禁止されていない点で限界があった。あとで述べるが、「一般職やパートは女性のみ」という募集が可能となることで、一定の格差が保たれてしまったのである。

しかしある程度の効果もあった。第一章で述べたように、均等法の施行と同時に女性の高学歴化に拍車がかかった。そして高学歴の女性が増えるにしたがって、均等法も女性が能力を発揮し、活躍できるような環境を整えるために、女性労働者保護の色彩の濃い法律から女性に対する差別を禁止する法律へと大きな転換を遂げていく。

こうした変化の中で、一九九二年には育児休業法が、また九九年には介護のための休業も認められるようになる。九七年の均等法改正では、募集・採用、配置・昇進において男女平等に行うことが努力義務から、差別の禁止規定になった。また男女の職業分離が固定化されないように、「女性のみの募集」を原則禁止とした。

加えて「女性に対するセクシュアル・ハラスメント」については、事業主に対して①方針の明確化とその周知・啓発、②相談・苦情への対応、③事後の迅速かつ適切な対応が求められるようになった。また九九年に改正均等法が実施されると同時に、労働基準法の一部が改正され、女性の時間外・休日労働と深夜業規制が取り除かれた。

コース別人事制度の導入

このように法制度が整う中で、大企業では男性は基幹労働者、女性は基幹労働者をサポートする補助的労働者という男女別の雇用管理を見直さざるを得なくなる。しかし法制度の変化がそのまま、女性労働者を基幹労働力化する力になったかというと、それほど強い効果を発揮しなかったといわざるを得ない。その理由はなんだったのか。

ムン（Mun, 2016）は、その原因は企業側の対応にあるという。多くの企業が規制強化から組織を守り、既存の雇用制度を守るために、見かけ上の法令遵守（Symbolic Compliance）をしたり、規制の対象にならないように、事務職の女性の採用枠をなくし、非正規労働者に代替するといった、法の趣旨とは逆の対応（Negative Compliance）をしたからではないかと論じている。

その見かけ上の法令遵守の典型的な例が、コース別人事管理制度の導入である。雇用管理のコースが「総合職」と「一般職」とに分けられ、総合職については女性にも門戸が解放されたが一般職は女性のみの採用であった。正社員の中に総合職と一般職という二つの雇用管理の仕組みが導入され、前者には主に男性が、後者には女性が配属されることになったのである。

均等法が施行された一九八五年から、改正される九七年まで、コース別人事制度の導入企業数は増加している。大手企業が中心に行っており、従業員五千人以上の企業では約半数にのぼる。コース別人事管理制度は、意欲のある女性の活躍を支援するという点でもうまく機能しなかった（第五章）。総合職として採用した女性社員が定着し、中核人材として育成されたケースは非常に少なかった。

女性社員の育成のためには、職場での男女差別をなくし（均等政策）、同時に仕事と育児が両立できる環境を整えるという両方の政策を行うことが重要なのだが、九〇年代後半になると、企業の女性支援策は両立支援にシフトし、均等の視点が弱くなっていくのである（松浦、二〇一四）。

一九九七年の均等法改正では、男性は総合職で女性は一般職という区分けをすることは違法となり、罰則規定もついた。そこで今度は、一般職の代わりに地域限定正社員といった名前に変えて基本的にはコース別人事管理制度を温存させる対応をする企業も登場するようになる。

さらなる規制の強化

こうした状況を受けて、二〇〇六年に再度、均等法が改正された。

性差別禁止の範囲が男女双方へと拡大されるとともに、間接差別が禁止され、男女の雇用機会の規制はより厳しくなっていく。ちなみにここでいう間接差別とは「一見、性中立的な基準等であるが、その基準等を適用すると、一方の性に著しい不利益を与えるもので、使用者がその合理性を説明できないもの」をいう（山田、二〇一一）。

たとえば、これまでは総合職の管理職昇進基準の一つに「全国転勤三回以上の経験者」という要件があったとすると、総合職の女性が三回以上転勤しているにもかかわらず昇進できなかった場合に限って、差別であると認定していた。これに対して間接差別とは、そもそもこの基準自体が差別を生み出す原因になってはいないかどうかを問う概念である。全国転勤三回以上という要件が家庭責任を有する女性にとって満たすことが難しく、その結果、管理職に占める女性の割合が低いとする。このとき、事業主がこの基準が合理的かつ正当なものであることを証明できなければ、その要件は間接差別に当たるとして、このような要件を設けることは違憲ということになる。

現段階では、①募集採用にあたって、労働者の身長、体重、または、体力を要件とすること、②労働者の募集もしくは採用、昇進または職種の変更にあたって、転居を伴う転勤に応じることができることを要件とすること、③労働者の昇進にあたり転勤の経験があることを条件とすること、④募集、採用、昇進、職種変更の際に、合理的な理由がないにもかかわらず、転勤要件を設けることが間接差別にあたるとして禁止されている。

浅倉（二〇一六）は、間接差別という概念は、日本の雇用慣行で暗黙の前提として使われている男性基準そのものの妥当性を問い、そこに通底する「社会通念」の差別性を浮かび上がらせることで社会意識を変えることができる非常に重要な概念であるにもかかわらず、間接差別が適用できる事例を限定してしまったために、逆にそれ以外は認められるという状況を作り出してしまっているとして現状を批判している。

このように日本の均等法が整備されたにもかかわらず、見かけ上で対応する企業の施策が、女性の社会進出を遅らせてきたといえるのではないか。それに対して近年は、間接差別といった新たな概念をもちいて規制を強化しようという動きもあり、二〇一二年には改正のための委員会も開催されたが、法改正は見送られた。

三．派遣法と非正規労働者の増加

ムンは一九九七年の改正後は、規制強化に対する対応として、コース別人事管理制度そのものを廃止し、一般職の仕事を非正規労働者で代替する企業が増えたという。背後には派遣法の改正がある。

派遣法の規制緩和

派遣法は一九八六年に施行された。雇用機会均等法と時期が重なる。これは経営団体が均等法の改正に同意する交換条件として要求したといわれている。派遣法の施行により、派遣会社から労働者を雇うことが可能になった。当初、派遣期間の上限は一年と短く、専門的なスキルを有する十三業種（同年十六業種に拡大される）に限定されていたため、一定の制限は加えられていたといえる。こうして特定の業務だけに労働者派遣が認められている形式を、ポジティブリスト方式という。

しかしその後、均等法の規制強化と時を同じくして、派遣法の規制は緩和されていくことになる。一九九六年には派遣の対象業務が二十六業務に拡大され、九九年の改正では、派遣を禁止する業務を指定するネガティブリスト方式に変更された。派遣業種が原則自由化されたともいえる。

派遣の契約期間の上限についても徐々に期間が延長されていく。二〇〇四年には、一九九九年に新しく自由化された業務の派遣期間が三年に延長され、政令二十六業種の派遣期間の上限はなくなった。

非正規雇用の増加

こうした派遣法の規制緩和により、従来女性事務職が就いていた一般職の仕事を派遣社員に代替することが以前よりも容易になった。その結果、男女雇用機会均等法の法改正の趣旨に反して、女性の正社員が減少するというマイナスの影響を生み出すことになってしまったのである。このことは、日本で静かな革命の進行が遅れたことの、重要な要因の一つである。

労働者保護への揺り戻し

このような状況のなかで二〇〇八年にリーマンショックが起きる。世界的な不況によって、契約期間中の派遣労働者の解雇、いわゆる「派遣切り」が急増し、生活に困窮する。こうした人びとに宿泊場所と食事を提供するため、日比谷公園にテントが設営された。これにより派遣という仕事の不安定性が白日のもとに晒されたことから、派遣労働者保護のための規制を強化する法律改正がなされた。二〇一五年の派遣法改正ではすべての労働者派遣事業が許可制になり、専門二十六業種（現在は二十八業種）にかかわらず、派遣期間が一律上限三年になった。

また二〇一三年四月には労働契約法も改正、施行された。それによりいわゆる「五年ルール」と言われる制度が導入された。一年間の有期労働契約を反復更新し、通算五年を超えたときは、労働者の申し込みにより期間の定めのない無期限労働契約に転換できるとされた。この法律の適用は二〇一三年四月一日以後に開始する有期労働契約からで、二〇一八年四月一日以降に効力が発生する。

名ばかり正社員の増加

しかしこうした規制の動きも、労働者を十分に保護しているとは言い難い。

労働政策研究・研修機構が二〇一五年に実施した調査の結果（有効回答四八五四社）によると、改正されたこと及びその内容まで知っていると回答した企業は六割で、そのうち約八割が現在有期契約労働者を雇用しており、二〇一二年八月の労働契約法の改正以降、それらの労働者を無期契約労働者に転換した企業が三社に一社となっている。

また、無期に転換した場合には現在の労働条件のままとするところが、パート労働者で四三%、フルタイム契約社員の場合では三二・六%となっている。

労働契約法の改正は、無期契約への転換はもたらすかもしれないが、同時に処遇は非正規と変わらない「名ばかり正社員」の増加をもたらす可能性が高い。韓国では、二〇〇七年に「非正規保護法」が施行され、非正規労動者が同一企業で二年を超えて働くようになると、自動的に無期契約に転換する制度が導入された（二年ルール）。その結果、正社員のなかに雇用の保障はあるが勤続年数が伸びても賃金が上昇しなかったり、福利厚生制度の適用がなかったりする下級職が生み出され、名ばかり正社員が増加したことが報告されている（大沢、二〇一〇）。

また非製造業では新たに無期契約への転換制度を設ける企業がある中で、無期雇用の権利が発生する前に雇い止めをする企業も出はじめている。自動車部品メーカーでは、雇用契約書に二〇一七年三月三十一日をもって契約更新を行わないという契約書が交わされているといわれる。

二〇一八年二月の日本労働組合総連合会の電話相談では三日間で七五二件の問い合わせがあり、そのうちの多くが雇い止めの相談で、無期転換を回避するために解雇したり、業務委託へ切り替えるなどの事例もあるという（時事通信、二〇一八年三月十二日）。

また、空白期間を設けて期間従業員を雇う動きが大手自動車会社の間で広がっている。のちにみていくが、家族に生活を依存できない独身女性の多くも非正規労働者として働いている。彼女たちにとって、クーリングオフ期間の六カ月間仕事ができないことは生活に関わる重大な問題である。

この法律は直接雇用の労働者が対象なので派遣会社を通じて雇用すれば適用の対象とならない。パートタイム労働者として雇われていた女性が派遣労働者になるように通告されたといった事例もある。労働市場の規制を緩和し、派遣法を改正し、非正規労働者を増加させてきたことは、のちにも尾を引く格差をもたらしたのではないか。

このことは次章で詳しく述べる。

四．限定正社員制度の導入

限定正社員とは

コース別人事制度が禁止され、さらに派遣法の規制が強まるにつれて、いままでの正社員よりも処遇の低い、限定正社員という社員の区分けが誕生している。しかしこの制度の導入もまた名ばかり正社員を増やし、正社員間の格差を広げるのではないかと危惧される。

限定正社員とは、正社員と非正社員の中間に位置する労働者で、職務や勤務地、労働時間のいずれかが雇用契約で限定された正社員を指す。そのため転勤や職務の変更を求められることはないが、雇用されている事業所が閉鎖されれば、契約も打ち切られてしまう。その意味で、無限定正社員よりも雇用保障がなく、また職務が限定されているので、給与も一～二割程度下がる（労働政策研究・研修機構、二〇一七）。

日本ではいま半数の企業がこの制度を導入しているといわれる。たとえば、二〇一四年には、ファーストリテイリングがユニクロで働くパートタイム労働者の半数にあたる一万六〇〇〇人を地域限定で働く正社員にする方針を打ち出した。フルタイムで働かなくてもパートやアルバイトに正社員への道が開かれたとも言えるが、前述したように雇用保障は不安定である。このような正社員化の動きは、ワタミ、スターバックスなどの企業にも広がっている。

厚生労働省が発表したデータによると、正社員三百人以上の企業の五一・九％が限定正社員制度を導入しているという（厚生労働省「『多様な形態による正社員』に関する研究会報告書」二〇一二年三月二四日公表）。ただし、今後限定正社員を新たに導入することを検討している企業は二割程度にとどまっている。

非正社員と比べると限定正社員には雇用の保障もあり、報酬も高い。無限定の正社員に比べて処遇が良くないということになると、企業は限定正社員を増やすインセンティブを持つ。

均等法によって男女平等が成立しつつあるアメリカとくらべ、日本では法改正の効果が薄かった。その理由はこれまでみてきたように、労働市場の規制緩和によって非正規雇用が増加したことがある。

ジョブ型正社員は可能か

いま述べたような問題を回避するためには、職務内容が不明瞭な無限定正社員を標準として限定正社員制度を導入するのではなく、職務範囲と責任が明確化された「ジョブ型正社員」を標準として導入すべきだと論じているのが、鶴(二〇一六)である。職務が限定されていることで自分のキャリアや強みを意識し、価値を明確化できるという。加えて、ICT(情報通信技術)を徹底的に活用すれば、働き方が変わり多くの労働者が覚醒し、人材が育成されることで経済が活性化するとしてジョブ型正社員制度の導入を提言している。

五. その他の法制度改革

男女共同参画社会基本法

一九九九年には、男女共同参画社会基本法が制定された。男女共同参画社会とは「男女が、社会の対等な構成員として、自らの意思によって社会のあらゆる分野における活動に参画する機会が確保され、もって男女が均等に政治的、経済的、社会的及び文化的利益を享受することができ、かつ、共に責任を担うべき社会」(辻村、二〇一一)のことをいう。人権の尊重という観点から、社会の制度・慣行上の固定的役割分業の見直しが必要であるということが法によって定められている。

基本法制定後「配偶者からの暴力の防止及び被害者の保護に関する法律（DV法）」や、育児・介護休業法の改正などが行われている。また、男女共同参画社会の形成を促進するために、「二〇二〇年までに指導的地位に女性が占める割合が少なくとも三〇%になるようにする」という目標が第二次男女共同参画基本計画に盛り込まれ、二〇〇三年十二月に閣議決定されている。

二〇〇九年八月には、国連の差別撤廃委員会からの要請をうけて、政府はアファーマティブ・アクションを推進し、「二〇二〇年三〇%」という目標の進捗状況を国際社会に説明する義務を負うことになった。

女性活躍推進法の成立

二〇一四年六月の「『日本再興戦略』改訂2014」において「二〇二〇年に指導的地位に占める女性の割合三〇%」を達成するために新たな法的枠組みが必要となり、女性活躍推進法が二〇一五年八月に成立した。なおこの法律は二〇二六年三月までの時限立法である。なお、二〇二〇年までに目標に達成しなかったので、時期については「二〇年代の可能な限り早期に」と修正された。

この法律は女性の活躍を重点的に進めるために、国、地方公共団体及び一般事業主の責務を明らかにし、事業主の行動計画の策定等について定めている。

常時雇用する労働者の数が三〇一人以上の民間事業主は、事業主行動計画の策定が義務付けられ、採用者に占める女性比率、勤続年数の男女差、平均労働時間の状況、管理職に占める女性の割合について課題を把握し、行動計画を策定し、それを都道府県労働局に届け、外部に公表することが求められている。

さらに二〇一九年改正（二二年四月より施行）では情報公表義務の対象が、一〇一人以上に拡大され、是正の勧告に違反した場合には企業名を公表する制度も作られた。

以上みてきたように政府の女性労働政策も大きく変化している。しかし、初期のキャリア形成における男女差は依然として維持されたままである（第五章）。アメリカでは、差別の是正に政府が積極的なリーダーシップを発揮したのに対して、日本では、均等政策よりも両立支援に重きをおいた女性労働政策が展開され、労働市場における男女の平等を達成するためのアファーマティブ・アクションは実施されていない。日本政府のリーダーシップの欠如も、女性が活躍できる社会がなかなか実現されない理由の一つなのである。

その結果、管理職に占める女性の比率も低く、二〇二〇年度で民間企業の課長級に占める女性の割合は一一・五％にとどまっている。また一九七五年から二〇一〇年までのデータを使って均等法の効果を詳細に分析した安部（二〇一一）の研究でも、晩婚化によって、高学歴女性の正規雇用就業は増えたというものの、これらの法制度によって、仕事と家庭を両立させる女性を増やしたとは言えないと結論づけている。

しかし第一章でみたように、ここにきて日本にも大きな変化が起きている。高学歴女性を中心に労働力率が上昇し、出産後も継続して働く女性の割合が上昇している。さらに、経済の視点から女性活用のあり方が見直されようとしている。

六．「女性にやさしい」から経済へ

ジェンダーバッシング

アメリカの場合と同様に日本でも、男女共同参画社会を形成する動きは、二〇〇〇年代の中頃から大きく後退する。従来の固定的な性別による役割分担にとらわれず、男女が平等に、自らの能力を生かして自由に行動・生活できることを指す「ジェンダーフリー」という言葉が、男女の差異をなくそうとするジェンダーレスと解釈され、男女の差異そのものを否定しているとして、これに対するバッシングがおきるのである。釜野（二〇一三）は、このようなジェンダーバッシングによって、一九九〇年代後半以降の主流社会における教育・メディア・政策などの領域で、性別二元論や固定的な家族観、結婚観が肯定される風潮が出てきたと述べている。

しかし、このようなバッシングも二〇〇〇年代後半になると、かなり沈静化される。二〇〇八年には日本の人口そのものが減少し、労働力不足が企業の業績の足を引っ張るようになったからだ。

アメリカと同じように日本でも、女性労働の問題が経済と結びつけられて議論されるようになったのはこのころだ。二〇一〇年十二月に閣議決定された第三次基本計画では、「少子高齢化による労働力人口の減少が進む中で、女性を始めとする多様な人材を活用することは、我が国の経済社会の活性化にとって必要不可欠である」と述べられており、また「女性がその能力を十分に発揮して経済社会に参画する機会を確保することは、労働供給の量的拡大という観点に加えて、グローバル化や消費者ニーズが多様化する中で持続的に新たな価値を創造するために不可欠である」と記述されている。

このように日本の女性問題は、ジェンダーフリーをめぐるイデオロギーの対立を超えて、経済の問題へと転換したのである。なお女性の登用が企業の業績に良い影響を及ぼすかどうかについては、最終章で論じたい。

増えている女性活躍企業

すでに述べたように、均等法の規制の強化に対して、見せかけの対応や逆の対応をした企業も多かったのであるが、大手企業の女性の新卒採用は増加している。一九八七年から二〇〇九年までの上場企業の新卒者に占める女性の割合は一九九八年から上昇を続けている。一九八七年は女性比率が一九％に過ぎなかったのに対して二〇〇九年には三八％にまで上昇している。

特に二〇〇四年以降、法の精神に則って、女性を中核労働者として育成しはじめた上場企業も増えており、事実上のコース別人事管理制度を維持する企業や、正社員女性の採用を抑制する企業の数を上回っている。

もともと女性の管理職が多かったところでは、性を基準にしたコース別人事管理制度は採用されておらず、女性の採用数も多い。他方、女性を採用しても中核人材として育成せずに補助的な業務につかせているところでは、均等法が強化されたときにコース別人事管理制度を廃止し、一般職を非正規労働に代替する傾向が見られる。

企業の生産性は、「性別にかかわらず社員の能力発揮を推進すること」と「社員の長期雇用の維持」の二項目を重視している職場で、育児・介護制度の導入がプラスの影響を持っている（山口、二〇一一）。

ムンの分析でも、企業パフォーマンスのよいところほど、新卒採用で女性の採用を増やしている。

こうみてくると、すべての日本の企業が女性の活躍推進に後ろ向きなのではなく、企業によって経営戦略の違いがあり、それが女性の人材育成の違いとなって現れていることがわかる。

なぜ均等法は女性の働き方を変えることができなかったのか。そんな問題関心からスタートしてこの章を書き進めたが、実際に調べていくと、女性活躍に対する企業間の格差が二十一世紀になって大きくなっているという事実が浮かんできた。そのために、平均値では日本の女性活躍の実態がつかみにくくなっている。

第一章で述べたように、実は一九九七年は、日本においても代替効果が所得効果を上回り、主婦が裕福な世帯の象徴ではなくなる年でもある（大竹、二〇〇五）。静かな革命が起きる環境は実は九〇年代に整いつつあった。それを遅らせた原因の一つは、バブルの崩壊であり、その後の経済界の「総額人件費削減」のための労働力の非正規化ではなかったか。その結果、生産性の伸びは抑えられ、イノベーションが起きなかった。

しかし、すべての企業が女性労働者の採用を抑え、非正規労働者の代替したわけではない。法の趣旨に則って、男女の機会の均等を確保し、女性人材の育成に力を注いだ企業もある。その対応の企業間格差が拡大したのが九〇年代後半からリーマンショックが起こるころまでの二十年間だった。

いま、経済のサービス化と少子化による人口構造の変化によって、日本の社会は男女共同参画社会の実現への新たなステージに立っている。このステージで取り組まなければならないのは、雇用制度の改革とともに、新しいジェンダー平等社会を実現させるための意識変化と多様性を理解するためのコミュニケーション力を獲得することである。これについては、最終章で考えていきたい。

第九章

非正規労働と女性の貧困

一．正社員とパートタイム労働者の処遇格差

日本で静かな革命の影響が小さいのはなぜか。ここにもう一つ、日本とアメリカの大きな労働市場の構造上の違いが関係している。その違いとは、前章でも述べた日本の「非正規雇用」である。

非正規雇用が拡大することによって、日本女性の社会進出は遅れることになった。それだけでなく格差社会を作り出すきっかけにもなったのである。

正社員とパートタイム労働者はどう違う

まず非正規雇用とは何か確認しておこう。

諸外国では雇用契約の期間に定めがなく、フルタイムで働いている労働者が日本でいうところの正社員（regular worker）にあたり、所定労働時間よりも短い時間働いている労働者がパートタイム労働者と定義される。諸外国では正社員といえども、急な配置替えや部門替え、また規定外の業務などが課されることは滅多にない。

しかし日本では、正社員とは「会社の将来を担う中核労働者として、長期的な視点から人材育成がなされる労働者で職能給が支給され、強い雇用保障がある代わりに、残業や転勤や配置転換などの会社からの命令に従う義務を負っている」労働者のことをいう（大沢、二〇〇六）。

他方、パートタイム労働者には正社員のように会社からの命令に従う義務はない。働き方に関しては個人や家族の生活を優先できるように配慮されている反面、報酬は低く、雇用調整が必要な時には正社員より先に首を切られる労働者である。

つまり、諸外国が所定労働時間に働く人を正社員としているのに対して、日本では、勤務時間だけでなく職務内容、赴任地、業務量などを含めた、働き方における拘束性の違いが、正社員と非正規労働者（パートタイム労働者）の大きな違いになっているのである。

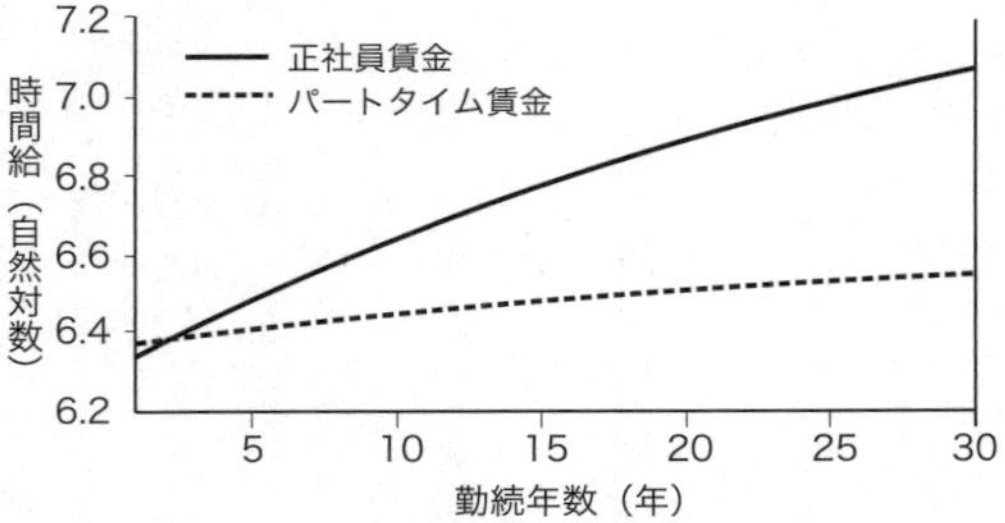

（出典）ハウスマン、スーザン・大沢真知子（2003）

図9-1　正社員とパートタイム労働者の時間給の推移

日本の正社員とパートタイム労働者の間には平均的にみて大きな賃金格差がある。それだけではなく、勤続年数が長くなるに従って、この格差が拡大していく仕組みになっている（図9-1）。そのため、パートタイム労働者の処遇格差への不満は勤続が長くなるほど大きい。また、この格差は働き方の拘束性の差によって生じており、生産性の差ではない。そのために、職場の高齢化が進むほど、パートタイム労働者の採用を増やすことで人件費が削減できるとされる（ハウスマン・大沢、二〇〇三）。また、永瀬（二〇一八）は、厚生労働省『二十一世紀成年者縦断調査』の二〇〇二～二〇一二年のデータを分析し、同じ個人でも、正社員からパート・アルバイトに移動すると、女性で一九％程度、男性で一五％程度、時間あたり賃金が下がると推計している。

なぜ賃金格差が生まれるのか

なぜこのような格差は生み出されるのだろうか。

金（二〇一七）は、パートタイム労働者が基幹業務を担っていると言われるスーパーマーケットの事例をもとに、そのメカニズムを紐解いている。

この会社では、正社員の給与は基準内給与（年齢給＋職能給＋業績給＋資格給）と手当（住宅手当、家族手当）に基準外手当としての通勤手当や転勤手当などが加算されて支給される。また基準内給与の職能給とは、仕事内容そのものではなく、職場での「職務遂行能力」の評価に基づいて「資格」が決まり職能給が決まる。さらにこれに年齢給が加わることで、家族が養える給与が受け取れ、勤続年数とともにそれが上昇する仕組みになっている。

これに対してパートタイム労働者の給与は、地域の法定最低賃金を基準にした職務給に仕事の内容に応じて加算される部分給、さらに、仕事の経験を積むにしたがって資格給や役割給、あるいは評価給といった給与が加算される仕組みになっている。加えて超過勤務手当や通勤手当なども支払われる。つまり、基本的には職務に対して支払われる給与なのである。

もちろんパートタイム労働者が仕事の経験を積み習熟度が高くなるにつれて、パートタイム労働者の賃金も上がっていく部分もある。しかし、その加算部分も正社員に比べると少ない。その結果、実際に支払われている賃金をパートタイム労働者と正社員で比較してみると、正社員の賃金は勤続とともに上昇しているのに対して、パートタイム労働者の賃金は、大体五年で頭打ちになっている。そこで勤続年数が長くなるにしたがって、賃金格差は拡大していくのである。

さらに、この事例では賞与や手当などにおいても支給額に大きな差があるので、長期勤続パートタイム労働者の賃金は仕事が同じ正社員の半分にしかならないそうだ。

金が調査をしたスーパーマーケットは、企業がパートタイム労働者への依存度を高め、パートタイム労働者が長期勤続化して基幹労働者として働いている典型的な業種の一つである。その一方で、処遇面では同じような仕事をしている正社員との間の差が拡大しているのである。

非正規雇用のリスク

非正規社員には各種保険が備わっていない場合がある。雇用保険は、失業のリスク

	雇用保険	健康保険	厚生年金	企業年金	退職金制度
正社員	92.5	99.3	99.1	29.9	80.6
正社員以外の労働者	67.7	54.7	52.0	5.0	9.6
契約社員	83.0	87.6	83.5	6.1	14.2
パートタイム労働者	60.6	37.6	35.3	1.5	4.3
臨時労働者	19.4	14.5	14.8	1.2	7.4
派遣労働者	83.8	81.1	76.5	3.6	10.9
その他	83.1	82.3	80.0	5.4	12.0

(%)

（出典）厚生労働省『就業形態の多様化に関する総合実態調査』（2014）

表9-1　社会保険プログラム適用率の雇用形態間格差

から従業員を守り、健康保険は病気になったときの備えになり、厚生年金制度は老後の所得保障をする、それぞれ重要な制度である。

表9-1は、雇用形態別に社会保険プログラムの加入率をみたものだ。

法律に定められている雇用保険、健康保険、厚生年金制度の加入率を正社員と非正社員で比較すると、正社員は一〇〇%に近い加入率であるのに対して、非正社員は約半数が加入しているに過ぎない。特に、雇用期間が一カ月以内の臨時労働者とパートタイム労働者で加入率が低くなっている。

たとえば雇用保険の加入率はパートタイム労働者では六〇%、医療保険や厚生年金は三人に一人が加入しているのみだ。育児休業期間中に支払われる給付金は、雇用保険から支出されている。しかし支給の対象となるためには、長期に勤続しており、復帰後一年以上の勤務が見込まれることが要件となっている。そのために二〇一〇年から一四年の間に出産し就業を継続している労働者のうち、正社員では約六割が育児休業を取得しているのに対してパートタイム労働者は一割にすぎない（国立社会保障・人口問題研究所「第一五回出生動向基本調査」）。

別の表現を使えば、正社員であれば老後の生活や病気になったときのリスクに対する生活保障を、会社と個人とでシェアすることができるのに対して、非正規労働者はリスクをすべて自分で背負わなければならない。一九九〇年代以降の非正規労働者に負わされたリスクは大きい。

二．家族依存モデルによる格差の正当化

同一義務・同一賃金

この事例からもわかるように、日本の正社員とパートタイム労働者の賃金体系はそもそも異なった制度によって設計されている。しかし非正社員が増加し、法制度を整備するにあたって、正社員と非正社員の処遇の違いに納得のいく説明をする必要が出てきた。

そこで提案されたのが「同一義務・同一労働」という概念である（水町、一九九七）。「同一労働・同一賃金」は文字通り、同一の労働の内容について、同一の賃金を払うものだ。ドイツやフランスでは、パートタイム労働者とフルタイム労働者との間にこの原則を当てはめることが可能である。

しかし日本の場合には、賃金体系そのものが違うのでこの原則は当てはめられない。その代わりに、両者が会社に負っている義務の違いに着目したのである。

前述したように、正社員は残業や配置転換、業務内容などに関して命令に従う義務を会社に対して負っているのに対して、パートタイム労働者の場合にはその義務がない。そこから、正社員とパートタイム労働者との処遇差は、働き方の拘束度の違いによって正当化できるとされた。

しかし、そもそもなぜその説明で正当化できたのか。

女性の家族依存モデル

第十章でみていくが、非正規労働者の圧倒的多数は女性である。二〇一七年の労働力調査によると、パート・アルバイト労働者の約七七％が女性だ。実はこのことが、非正規雇用と正規雇用の形態の差を生み出した。もともと非正規雇用は、日本の伝統的な性別役割分業の考えを前提に、女性のものとして生み出されていたのである。「戦後日本社会では、女性労働は、女性が属する家族に包摂されていることが前提で組み立てられていた」（山田、二〇一五）というわけだ。

つまり女性は何かあったときには、父親、夫、息子のいずれかに生活を依存することができると暗黙のうちに想定されており、解雇されても、家族の元に帰れば生活ができるとされていた。これが日本の伝統的な「女性の家族依存モデル」である。生活は男性によって保証され、その代わりに女性は家庭に対する責任を負う。第七章でも述べた「男性は仕事、女性は家庭」という分業が自明のこととなっていた。そうした時代の女性の受け皿として整備されたのが、非正規雇用という雇用形態であった。

パート主婦は家庭責任を担うが、主な生計維持者ではないという前提のもと、働き方の拘束性の差によって、勤続に伴う賃金格差の拡大のメカニズムが合理化され、温存されることになったのである。

所得税制と社会保障制度

所得税制や社会保障制度においても、既婚女性は夫の被扶養者であることが前提とされた制度が設計されおり、それによってパート賃金がさらに低くなるメカニズムが制度に内包されている。

所得税の配偶者控除は、パート賃金格差を温存する制度の一つである。妻の年収が一〇三万円以下の場合、妻は所得税を払う必要がないことに加えて、夫の課税対象所得から三八万円を控除でき、税負担が軽くなる。

二〇一〇年に実施された労働政策研修・研究機構の「短時間労働者実態調査」によると、非課税限度額である年収一〇三万円を超えそうになった場合に、就労調整を考慮すると回答している人は二五%にのぼる。四人に一人が就労調整をして労働時間を調整している。そうであれば、人手不足になっても雇い主は賃金を上げるインセンティブをもたない。上げると就労調整をする人が増えるだけだからだ。

そのためにこの制度によって、パート全体の賃金は九%程度押し下げられていると推計されている（厚生労働省、二〇〇二）。ちなみに二〇〇九年には、給与所得者四五〇六万人のうちの四人に一人が、配偶者控除の適用を受けている。

既婚女性の働き方に影響を与えるもう一つの制度が、社会保障制度である。そこには一〇六万円の壁と、一三〇万円の壁が存在している。

年収が一三〇万円以上になると、妻は夫の扶養から外れ、厚生年金や健康保険などの社会保険の加入対象となり、自身で社会保険料を負担する義務が生じる。そのため年収が一三〇万円未満に収まるように調整する人が出てくる。これは「一三〇万円の壁」と呼ばれている。また、二〇一六年十月からは、一部の労働者について、年収一〇六万円以上の場合、社会保険料が課されることになり、適用範囲が拡大している。

前述の永瀬（二〇一八）の研究では、特に子供のいる有配偶女性で所得税を控除される一〇三万円の壁が存在し、就労調整をする女性が少なからずいること、また同様に、被扶養者として社会保険費の負担を免除される年収一三〇万円でも調整がされていることを確認している。

さらに重要なことは、社会保険料の支払いにおいて、従業員の年収が一〇六万円、あるいは一三〇万円を超えると、事業主の保険料負担も増えることである。そのためにこの制度は、同じ生産性の労働者ならば非正規労働者を採用させるインセンティブを、事業主に提供していることになる。

以上に述べたような制度によって、日本の非正規労働者に占めるパート・アルバイト労働者の割合は七割と、諸外国と比較しても高くなっている。女性の家族依存モデルを前提とした社会制度も、格差を正当化し温存する一因となっている。

三、家族の変化と女性の貧困

非正規雇用の増加と女性の貧困

大多数が結婚したのちに離婚せず、男性のほとんどが正社員の仕事につき家族を養える賃金を得ることが可能な社会では、女性の家族依存モデルは成り立つ。しかしいまでは結婚をしない女性も多くいる。また未婚の女性は親と同居している割合が高い（約九割）ことから、家族に包摂されていると考えられがちであるが、同居する親が必ずしも経済的に子供の面倒を見られるとは限らない。

独立行政法人労働政策研究・研修機構の調査報告書によると、壮年の非正規労働者に占める独身女性（離別・死別も含む）の割合は二〇一四年で四二・九％と高い比率になっている。同調査によれば、壮年（三十五〜三十九歳）非正規女性の五一・九％は貧困状態にあるという。

また公益財団法人横浜市男女共同参画推進協会が二〇一五年度に実施したウェブ調査によると、八〇・五%が「経済的なゆとりが全くない」あるいは「あまりない」と回答している。約七割が年収二五〇万円以下である。しかし労働時間は長い。七割以上の人が三十時間以上仕事をしている。また三割は仕事のかけもちをしている。

このように労働条件の悪い仕事についているものの、半数は一人暮らしをしている。また親と同居している場合も母親が四割、父親が三割弱となっている。

女性の家族依存モデルは、いまの日本では成立しないのである。

離婚率の上昇と母子世帯の貧困

離婚もそれほどめずらしいことではない。日本の離婚率は一九六〇年代までは減少していたものの、その後少しずつ上昇し、二〇〇二年には戦後最高値の〇・二三%になった。それ以降は婚姻率そのものが減少しているため、離婚率も減少傾向にある。

また二〇一一年の母子世帯数は、一二四万世帯、父子世帯は二二万世帯である。日本の母子世帯の特徴は、働いている母親の割合が高いにもかかわらず、貧困率が高いということである。多くの国では、母子世帯で親が働いている場合には、貧困率が半減しているのだが、日本の場合、親が働いている世帯の貧困率は五四・六％。これに対して働いていない世帯では六〇％で、働いている世帯の貧困率と働いていない世帯の貧困率の差がほとんどない（OECD、2008）。

その結果、厚生労働省の「二〇一一年度全国母子世帯等調査」によると、母子世帯の平均年間収入は二九一万円で、児童のいる全世帯の平均所得六五八万円の四四・二％にとどまっている。母自身の平均年間収入は二二三万円、平均年間就労収入は一八一万円。また預貯金額は五〇万円未満が最も多く、四七・七％だった。

その理由は、働いているお母さんの半数が非正規労働者だからである。さらに他の国に比べて子育て世帯への給付が少なく、その一方で社会保険費負担などが重いことも収入を減らしている（大山、二〇一三）。

専業主婦の貧困

かつて専業主婦世帯は豊かさの象徴と言われた。しかしいまでは、専業主婦世帯の所得は二極化しており、一二・四％に当たる五五万六〇〇〇世帯が貧困世帯だという（周、二〇一五）。専業主婦世帯の低所得層の比重が増えたために、専業主婦世帯の可処分所得は夫婦共働き世帯よりも一三％低い（総務省統計局『家計調査』二〇一三）。これは第二章で紹介した八〇年代後半のアメリカの勤労世帯の所得変化と似ている。

周（二〇一五）は、貧困世帯の妻の約九割は働きたいと思っているが働いて得られる市場賃金が低いこと、親の援助が受けられず、保育所の入所を待っている待機児童が二百人以上いる地域に住んでいるなどの悪条件が重なって働けないのだという。背後には、日本の都市部の貧しい子育て環境がある。

こうした経済格差が拡大し、貧困に陥る女性が増えているにもかかわらず、男性の貧困ほど話題にならないのは、女性の家族依存モデルが前提とされているからだ。いま述べた女性の貧困の問題からもわかるように、女性はパートナーや親に扶養されて生活する女性という古くからのモデルは、すでに成り立たなくなっている。女性はいま格差の拡大する社会の中で、その影響を受けて下層化しながらも、その実績が十分に把握されておらず、社会的援助を受けられないでいるのである。

◉第十章

男性へと拡がる格差

一．増える非正規労働者

日本では九〇年代の後半になって非正規社員の数が増えている。

正規労働者数の推移を一九八四年から二〇一六年にかけてみると、三三八五万人から三三二六万人と五九万人の減少にすぎない。これを男女別にみると、同じ時期に男性は二三〇二万人から二二七〇万人へと三二万人減少している一方、女性は五七万人増加している。これに対して、同じ時期の非正規労働者数の推移をみると、全体では、六〇四万人から二〇〇七万人へと約三倍に増加している。男女別では、男性では一九五万人から六四三万人へ、また、女性では四〇八万人から一三六四万人へとそれぞれ三倍に膨れ上がっている。この三十年で、日本経済が非正規労働者に大きく依存する

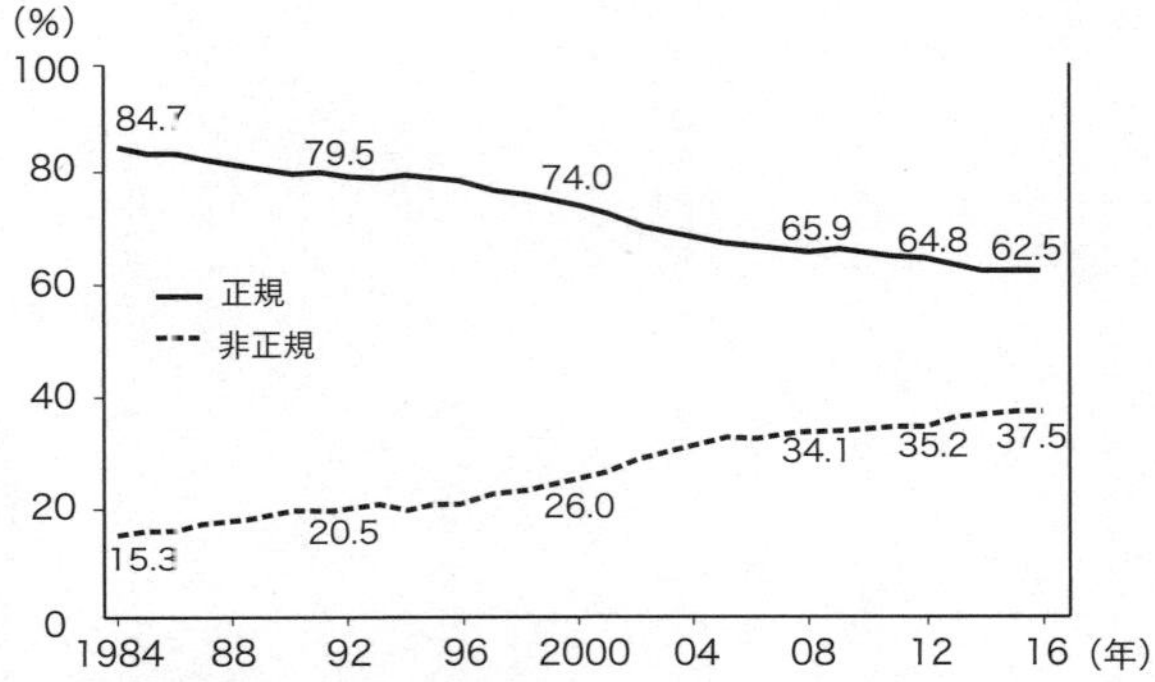

（出典）総務省「労働力特別調査」より作成

図10-1　役員を除く雇用者に占める正規雇用者と非正規雇用者の割合

ようになってきていることがわかる。

一九八四年には役員を除く雇用者に占める非正規労働者の割合は一五・三%であったのが、二〇一六年には三七・五%に増加している（図10－1）。これを男女別にみると、一九八四年では男性は七・七%、女性は三二・九%であったのに対して二〇一六年には男性二二%、女性五六・四%が非正規労働者となっている。ちなみにここでの非正規労働者には、職場で正社員と呼ばれていない人がすべて含まれる。

ここで注目したいのは、女性だけでなく、男性の非正規雇用も同じように増えていることだ。なぜこれほど急激に非正規労働者が増えているのか。

二．なぜ非正規労働は増えるのか

バブル崩壊

非正規増加の理由の一つは日本経済が大きく変動したことにある。

一九八〇年代までの日本的経営は、長期的視野に立って人材育成を行い、社員の生活保障をするところに特徴があった。しかし九〇年代に入ってからは、短期の利潤獲得のために、総額人件費を削減することが大きな目標に変化していく。背後には経済の構造変化や経済のグローバル化、金融市場の変化などによって企業がおかれている環境が大きく変化したことがある。

一九八五年アメリカのニューヨークにあるプラザホテルで先進五カ国（日・米・英・独・仏）が集まり、ドル高是正に向けた外国為替市場で協調介入を行うことが合意された（プラザ合意）。それをきっかけに為替レートは、合意前の一ドル＝二四〇円から九四年には一〇〇円にまで落ち込み、円高が進展する。

円高によって日本の製造業が国際競争力を失う中、景気を回復させようと日本国内では大幅な金融緩和が実施された。しかし景気が回復した後も銀行が企業に貸し出す金利（公定歩合）が低いままであったので、企業は銀行から借りたお金を土地や株に投資しはじめる。そうして株や不動産価格が高騰した。これがバブル経済を引き起こす。

しかし、日本銀行が九〇年になって金融引締めを実施すると、不動産価格は下落し、金利が上がったために返済のめどが立たなくなった不良債権が銀行の経営を悪化させ、倒産する銀行も出現した。急激に景気が後退した一九九一年三月から九三年十月までをバブル崩壊期と呼ぶ。

その後日本経済は、九七年にはアジア通貨危機、二〇〇八年にはリーマンショックと、新たな二つの金融危機を経験し、失われた二十年と言われる長い不況期に入る。金融機関の不良債権問題が解決したあとも生産性が伸びず長い低成長の時代が続くのである。

雇用改革

このような経済情勢のなかで、日本の労働市場や雇用システムにもさまざまな規制改革が行われた。有料職業紹介、無料職業紹介、派遣労働、委託募集に関する規制が緩和されるとともに、解雇規制の法制化が行われる。

バブル経済崩壊後、経済のグローバル化によって厳しい競争にさらされるなかで、日本の労働力需給調整機能は自社内、あるいはグループ会社間といった内部労働市場での雇用調整から、外部労働市場からの労働力調達に移動した。さらに構造変化の調整弁としての役割は、主に非正規労働者によって担われるようになる。

一九九五年には日経連が「雇用ポートフォリオ」を発表した。これは「長期蓄積能力活用型（正社員）」「高度専門活用型（契約社員）」「雇用柔軟型（パート・アルバイト／派遣労働）」という三つのタイプの労働者の最適な組み合わせによって経営をおこなうという、新しい雇用のあり方の提案である。

九五年の日経連の報告書の作成に関わった一人は、

日本の賃金も名目上は世界のトップクラス。物価が高いですから、購買力平価とか実質賃金はそうなっていませんが。企業経営は、名目賃金がベースになっておこなわれていますので、どうしてもコストという意識が強くて、これからは、基本的には総額人件費をどのように管理していくのか。この視点が非常に強くなるであろうと思っております。（大沢、二〇一〇、七九頁）

と述べている。つまりこうした改革は、企業の人件費の節約の必要性を意識して行われてきたことがわかる（大沢、二〇一〇）。

このレポートが発表された当時は、三年後には正社員が七割、雇用柔軟型が二割、高度専門型が一割になるだろうと予想されていたが、実際にはその予想をはるかに超えて非正規労働者が増加することになり、現在では全体の労働力の四割程度を占めるようになった。

このように、九〇年代に企業の経営環境が変化し競争が厳しくなった結果、日本の会社では、総額人件費を意識した経営が求められるようになった。その時期にちょうど、非正規労働者を採用することで総額人件費を削減できる仕組みがあったことが、非正規労働者の急激な増加につながったのである。

新卒正社員採用の抑制

このような状況でバブル経済崩壊後、日本の企業は新卒採用を抑制し、非正規労働者の比率を高めていく。日本の生産年齢人口（十五〜六十四歳の人口）は九六年から減少

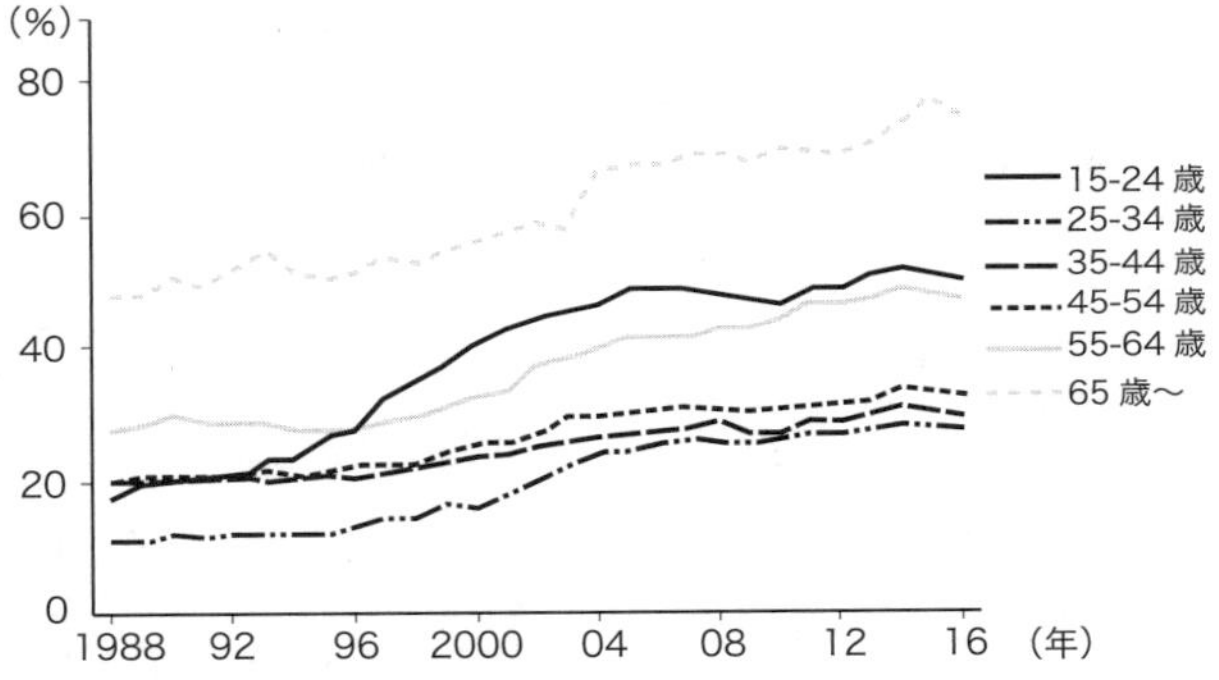

（出典）総務省「労働力特別調査」より作成

図10-2　非正規労働者の比率の推移

に転じているが、それに伴う人手不足はもっぱら非正規労働者の採用増によって補われた。

図10-2は、役員を除いた雇用者数に占める非正規労働者の割合の推移を年齢別にみたものである。一九九四年から三十五歳未満の比較的若い層において非正規比率が高くなっているのがわかる。

二十五～三十四歳層の非正規労働者の数は、一九八八年の一〇六万人から二〇〇〇年には二〇三万人、二〇一〇年には三〇二万人へと大幅に上昇している。二〇一六年には二八六万人へとやや減少しているとはいうものの、八八年から二〇一〇年にかけては約三倍の増加である。

他方同じ年齢層の正社員の数は、一九八八年の八七八万人から二〇〇一年には一〇八五万人に増加したあと減少に転じ、二〇一六年には七七八万にまで減少している。特に二〇〇〇年代に入ってから十五〜三十四歳層での正社員の数が減少している。

ちなみに第三章でも述べたが、バブル経済が崩壊し正社員の採用が減少した一九九三年〜二〇〇五年に入社した世代は就職氷河期世代、あるいはロスト・ジェネレーションと呼ばれる。また二〇〇八年サブプライムローンの巨額の損失によるリーマンブラザースの経営破綻に端を発した、世界的な金融危機後に入社した世代は、新氷河期世代と呼ばれる。

新氷河期世代は日本企業の新卒採用抑制によって、それ以前の世代ならば当然であった正社員の仕事に就くことの困難さに直面することになった。

その結果、学校から企業への移行がスムーズにいかない若者が増えた。総務省『就業構造基本調査』（二〇一二）より、学校卒業後にはじめて就いた仕事の雇用形態をみると、「非正規の職員・従業員」として初職に就いた人の割合は一九八七年から二〇一二年にかけて、男性は六・二％から三三・六％へ、また女性は一六・二％から五一・六％と飛躍的に増加している。特に女性では過半数を超えている。

ブリントン（二〇〇八）は、日本の社会における「場」の重要性を指摘する。ここでいう「場」とは、学校や会社などを意味し、日本ではそこに帰属することで初めてスキルを磨き、キャリアを形成し、人的資本を獲得する機会を得る。その場所のことである。

学校は就職をあっせんし、就職後もさまざまな形で卒業生の成長を支えるという機能を兼ね備えていた。しかし九〇年以降この仕組みが崩壊し、とくに低・中学歴の若者が大人に移行する初期の段階で、能力開発の機会が失われてしまったのである。

そして、いったん非正規職につくと、そこから正規に移動するのは容易ではない。二〇一五年の雇用動向調査（厚生労働省）によると、非正規就労から雇用期間の定めのない雇用形態、正規就労に移動した人は全体の九・六％にすぎない。

また非正規労働の増加が会社の都合によって起きたので、正社員を希望しながら不本意に非正社員として働いている人も増えている。不本意型非正社員は、二十代後半の男性で八割、三十代の男性で四割強にものぼる。同様に女性の場合も、二十代前半で五三％、子育てが一段落して就業をはじめる三十代後半では三九％が不本意型であると推計されている（大嶋、二〇一一）。

特に独身の女性で不本意型非正規労働者が多い。横浜市男女共同参画推進協会と大阪市男女共同参画のまち創生協会、福岡女子大学の野依智子教授らが二〇一五年に三十五歳から五十四歳の非正規独身女性の調査を行ったところ、六一・九%は、正社員の仕事がないことによって非正規職に従事している不本意型非正規労働者であった。また最近の研究（樋口、二〇一八）によると、不本意型非正規労働者は、三十代や六十代の男性にも存在しているという。

こうみると、非正規労働増加の問題は若者の問題であると同時に、日本の人的資源が十分に生かされていないという日本経済の問題でもあることがわかる。

稼げない夫

非正規労働者の増加は、前節で述べたバブル崩壊による企業の採用方針の変化といった労働需要側の要因とともに、世帯所得の変化により、自ら非正規を希望する人の増加といった労働供給側の要因の二つが、複合的に絡み合って生み出されている。

それでは働く人びとの方には、どのような変化があったのだろうか。

まずは男性の雇用形態の変化についてみていこう。

濱秋ら（Hamaaki et al, 2012）は、失われた二十年がはじまったとされる九〇年代の半ばから、日本的雇用慣行の特徴の一つである終身雇用制度がどのように変化したのかをみた。その結果、若者の間で初職を継続するものの割合が低下していることを見出している。最も変化が著しいのは大卒の大手企業に勤める若手男性二十五〜三十四歳層であり、一九九〇年の中頃から二〇〇八年にかけて初職から同じ会社に勤めている従業員の割合（残存率）は二〇%減少している。

濱秋らの研究は二〇〇〇年代中盤以降がカバーされていない。その後の変化を計測した大湾と佐藤（二〇一七）の研究結果によると、二〇一〇年から二〇一五年にかけての大卒従業員の残存率は下げ止まり傾向を見せている。他方、三十代以降では残存率が低下しており、雇用の流動化が起きている。

これらの変化を反映して、女性の家族依存モデルの前提となってきた、男性稼ぎ主モデルという日本の慣行を足元から脅かす重要な変化が起こった。一九九七年から二〇〇二年にかけて、男性の給与が減少しているのである。

図10-3aと図10-3bは、三十〜三十四歳の正社員の男女の年収所得分布を一九九七年と二〇一二年の二時点で比較したものである。

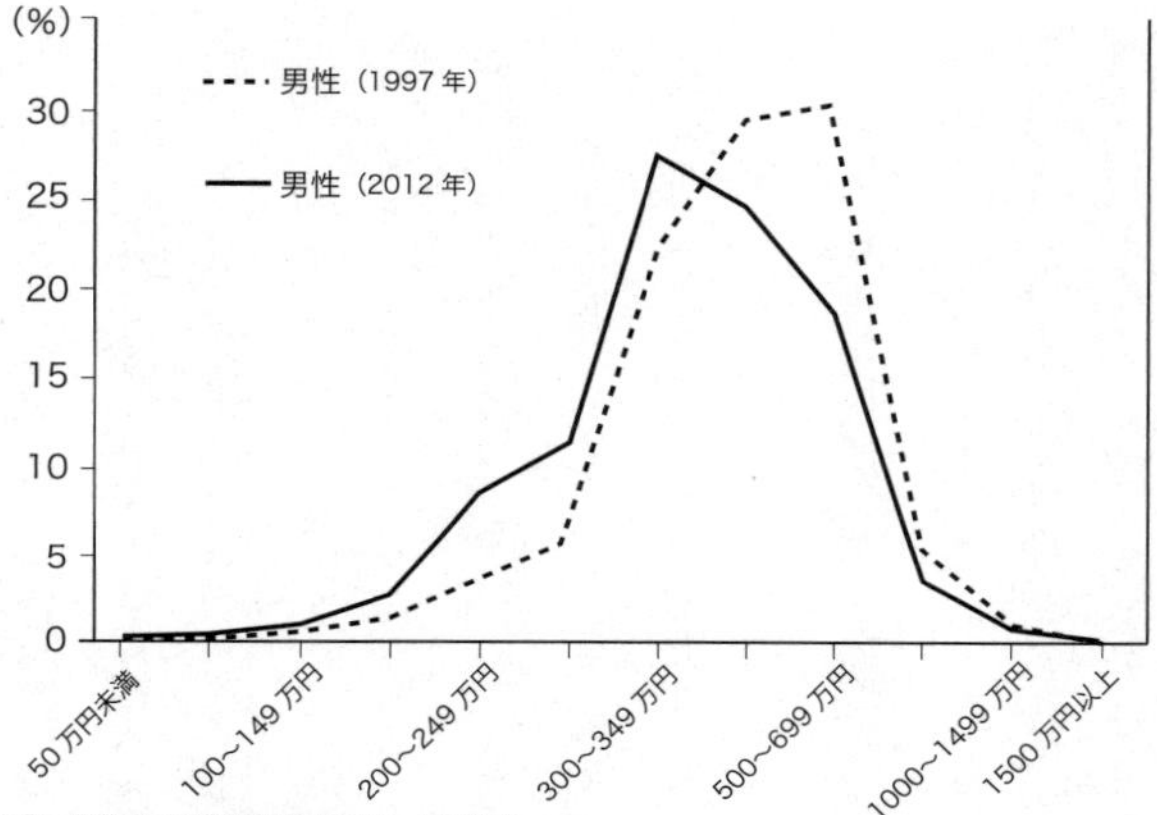

（出典）総務省「就業構造基本調査」より作成

図10-3a　1997年と2012年の男性正社員（30〜34歳）の所得分布比較

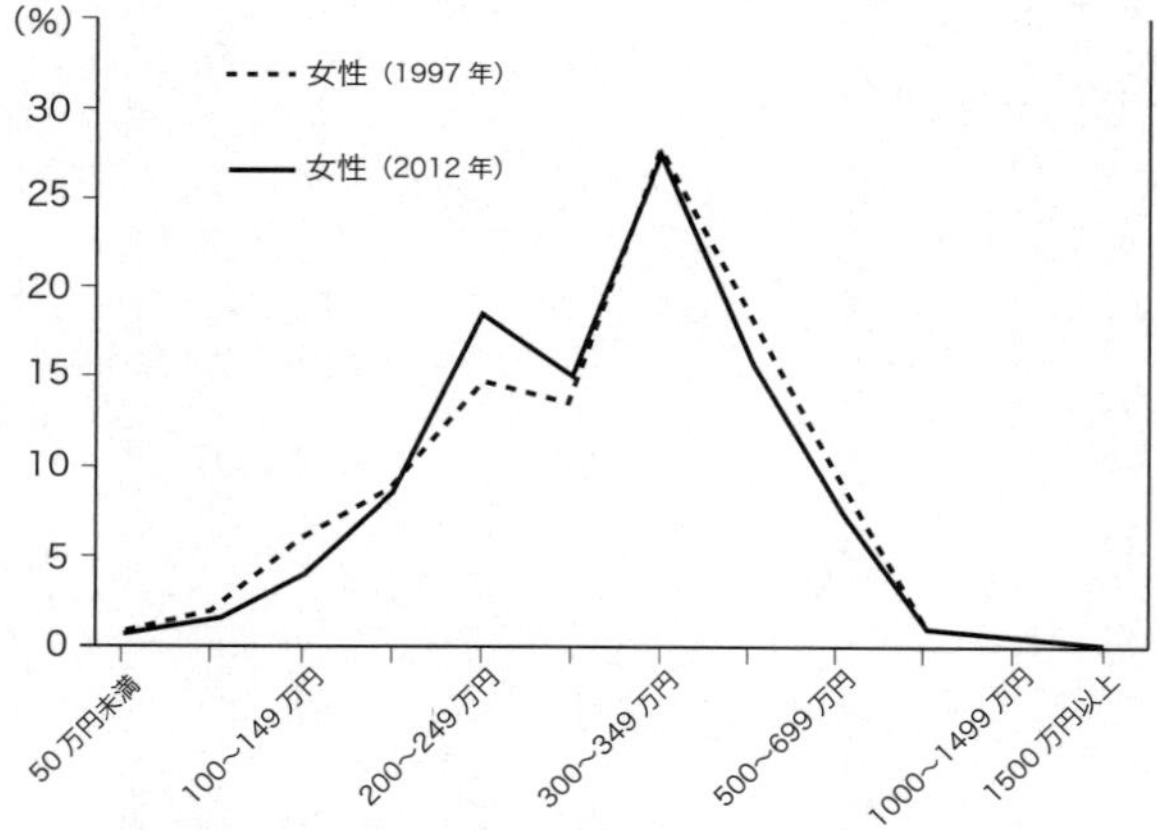

（出典）総務省「就業構造基本調査」より作成

図10-3b　1997年と2012年の女性正社員（30〜34歳）の所得分布比較

日本では、男性正社員には家族を養える生活給が支払われるといわれてきた。しかしこの図をみると、年収二〇〇万〜二四九万と回答したものが九七年の三・五%から二〇一二年には八・六%へ、二五〇万〜二九九万円では五・九%から一一・五%へと増加している。正社員においても低所得の男性が増えていること、つまり名ばかり正社員が増えていることがわかる。

また女性をみると、九七年に比べて二〇一二年では二〇〇万〜二四九万円の所得のところで分布に厚みが増し、一〇〇万〜一四九万円のところでは逆に減少している。男性の所得が減少する時期に合わせて、女性の所得が上昇している。

男性の所得の低下を補うために、女性が労働時間を増やして労働供給量を増加させているのである。戦後以来日本を支えてきた男性稼ぎ主モデルは、バブル崩壊後の雇用変動の影響を受け、二十一世紀には適用できないものになってしまったのだ。

共働き社会の出現

若い世代の男性の所得が減少した結果、夫一人の所得では生計を維持できない世帯が増えている。片働き世帯数と夫婦ともに雇用者である共働き世帯数を比較すると、

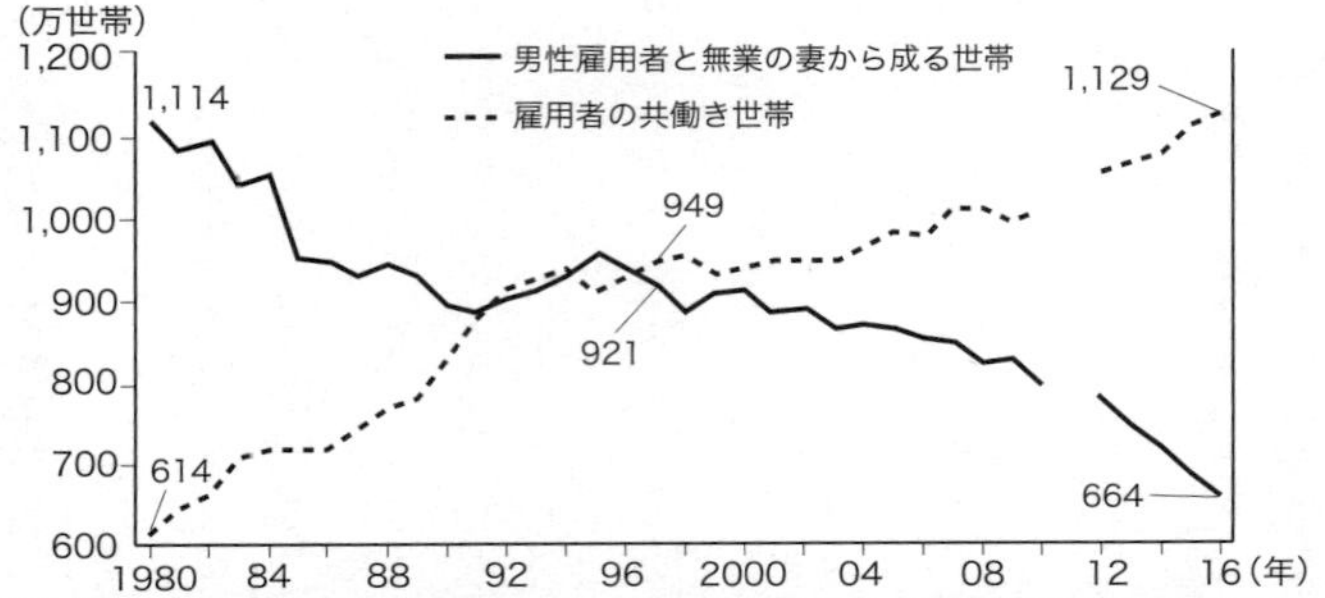

（注）「男性雇用者と無業の妻から成る世帯」とは、夫が非農林業雇用者で、妻が非就業者（非労働力人口及び完全失業者）の世帯。「雇用者の共働き世帯」とは、夫婦ともに非農林業雇用者（非正規の職員・従業員を含む）の世帯。

（出典）総務庁「労働力調査特別調査」（1980〜2001年まで）、総務省「労働力調査」（2002年から）

図10-4　共働き世帯数の推移

一九九〇年代の半ばに共働き世帯が片働き世帯数を上回り、二〇一六年には共働き世帯数は一一二九世帯に対して、片働き世帯は六六四世帯と大きな差が生じている（図10－4）。

二〇一二年には夫が有業者である世帯の約六割が共働きである。また、共働き世帯のうち妻が正社員の世帯は三一％であり五五％は妻が非正社員として働いている（総務省「就業構造基本調査」二〇一二年より算出）。

ただし日本の共働き社会は、他の先進国のように出産後もキャリアを継続する女性の増加によってもたらされているのではない。むしろ男性の所得の低下を補うという形で既婚女性の就業率が上昇していることが共働き社会の形成につながっている。

夫の給与を補うために家計補助的に働く妻が増えたことも、非正規雇用の増加の原因だったのだ。しかしこの現象に変化がみられるようになってきたことも重要である。今後は、ジョブ型正社員制度の導入や、ＩＣＴの導入を進めることで、出産後もキャリアを継続する女性が増えていくこと思われる。

三．格差社会の出現

日本では長年、主婦がパートとして働くことが前提になって、正規と非正規の線引きが行われてきた。しかし二十一世紀以降、雇用の減少した男性を含め、主婦以外の人々に非正規雇用が広がるにつれて、日本に新たなアンダークラスが出現する。

橋本（二〇〇九）は、「かつて非正規雇用は、学生・生徒のアルバイトや中高年の嘱託など、人生のある時期に限定されたケースを除けば、主婦などが家計補助のために働く女性パートが中心だった。また多くの女性労働者の賃金は、夫が定職をもち生活費の大半を稼いでいることを前提に、低い水準に抑えられてきた」（一九四頁）と述べている。

非正規雇用が男性にも広がってくるにしたがって、一九八〇年代から九〇年代にかけて男性労働者の間でも所得の二極化がみられるようになる。

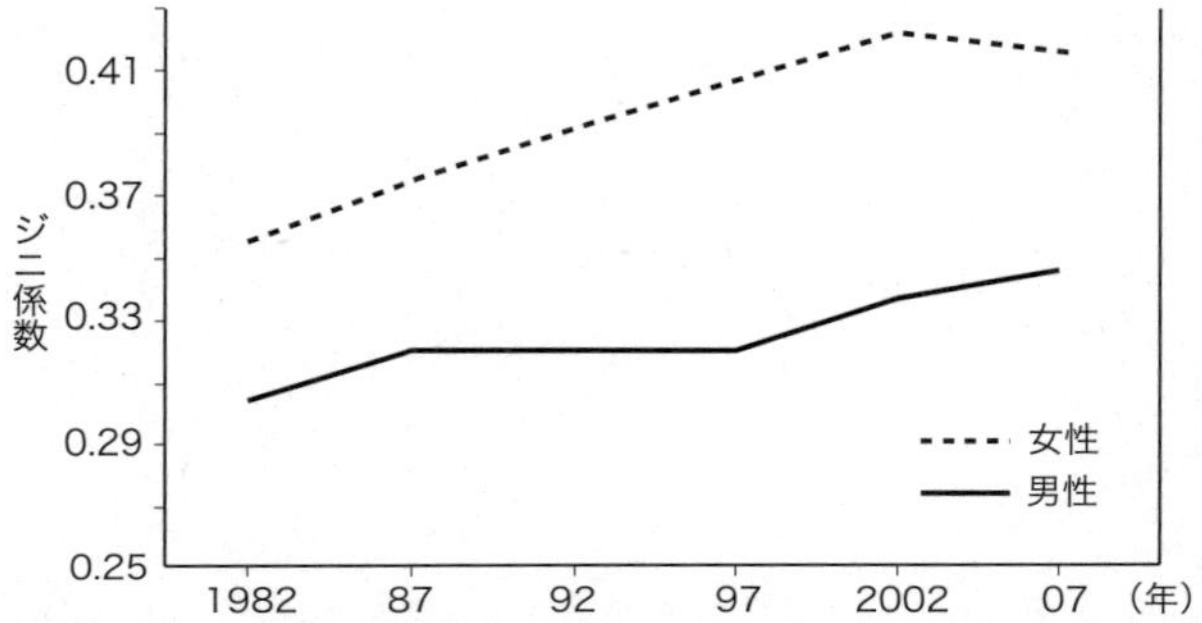

（注）ジニ係数とは、所得分布の標準度をみる指標のこと。係数の値は0から1で、値が大きいほど格差が大きいことを示す。
（出典）大沢真知子（2015）

図10-5　男女別に見たジニ係数の推移

図10-5は、所得分布の平等度を示すジニ係数の変化を一九八二年から二〇〇七年にかけてみたものである。これをみると、女性では一九八二年から二〇〇二年まで格差が減少しているのに対して、男性では非正規労働者が増加しはじめる一九九七年から拡大している。

石井・樋口（二〇一五）によれば、世帯主が正社員の貧困率は五%であるのに対して、非正規の場合は二六%、また貧困世帯全体の五四%は世帯主が非正規の世帯であるという。

さらに、森口（二〇一七）は、日本の格差拡大の特徴は、「富裕層の富裕化を伴わない『低所得層の貧困化』にあり、世界の趨勢とは一線を画している」と述べている。

八〇年代までは、非正規労働者の問題は、夫に生計を依存して家庭責任を担う既婚女性の問題であった。しかしこの章でみてきたのは、経済の変動とともに、その受け皿に男性が流入してくるという変化である。非正規雇用の急激な増加は、男女間のみでなく、男女を合わせた日本全体の格差社会を生み出してしまったのだ。

このことは、日本の非正規労働問題に対応するためにも、男性稼ぎ主モデルを超えて、個人のライフスタイルに中立なジェンダー平等社会のシステムを構築するとともに、正社員と非正社員との間の移動を進め、両者の処遇格差を是正するための労働市場の整備と制度改革が必要だということを表している。非正規雇用と格差の問題は、二十一世紀の日本が取り組むべき大きな課題になるだろう。

◉第十一章

意識の壁に挑む

一．シンデレラ・コンプレックスとステレオタイプ

二〇一七年十二月に日本経済新聞社が実施した、二十〜五十代の正社員として働く女性を対象にした意識調査によると、自社の女性活躍が進んだと実感しているのは二割程度である（日本経済新聞、二〇一八年一月十四日）。大多数の女性は、企業は女性の登用や育成に力を入れているものの、女性が力を発揮しやすい環境整備は進められていないと考えている。

成果を反映させた賃金制度や多様な人材を活用するためのワーク・ライフ・バランス施策は、制度を導入しただけでは十分な効果を発揮しない。施策が功を奏するためには、女性が活躍しやすい職場風土をつくる必要がある。そのときに重要になるのが、

無意識の女性差別に気づくことである。また、女性も自分自身の中にリーダーシップをとりたくない心理構造があることに気づき、そこから自身を解放する必要がある。ここでいうリーダーシップとは、管理職になるということではなく、自分の人生の主役になって、自分の人生を自分の力で切り拓く力を持つということである。

なぜそれが必要なのかといえば、いま日本では、静かな革命が進展しており、わたしたちはその真っ只中にいるからだ。その変化にうまく対応していけると、さまざまな可能性を手にすることができる。そのためにはチャレンジすることに消極的になっている自分のなかの意識構造を探り、自らを内側から解放する必要がある。それは価値ある、自分自身に対する挑戦なのである。

いま日本の職場に見えない性差別が存在するといわれるが、それが何なのか。それにどう挑めばいいのかについて考えてみたい。

シンデレラ・コンプレックス

シンデレラ・コンプレックスとは、女性の潜在意識にある「依存的願望」を指摘した言葉である。一九八一年に出版されたコレット・ダウリングのベストセラー『シンデレラ・コンプレックス』をきっかけに生まれた言葉だ。

ダウリングは著書のなかで「他人に面倒をみてもらいたい」という潜在的願望によって、女性が自分の創造性を十分に発揮できずにいる状態を「シンデレラ・コンプレックス」と表現している。幼いころから女性の幸せは男性によって決まると教えられているために、シンデレラのように「白馬を駆る素敵な王子様がどこからか現れて、迷える女の子である自分を救ってくれる」という幻想を捨てきれず、女性の自立を妨げているとした。

実はこの本には個人的な思い出がある。当時わたしはアメリカの大学の大学院生であったのだが、ダウリングがニューヨークタイムズに寄稿した記事を読んだルームメイトが、まさにこれは自分の物語だと言って、読むようにすすめてくれたのである。

当時のアメリカでは、女性が法律大学院や経営大学院に進学し、男性に伍して職場に進出することが当たり前になっていた。しかし、新しい時代の価値観と親の世代の価値観とのギャップに悩み、内面にさまざまな葛藤を抱えている女性も多く、わたしのルームメートもその一人であった。このような無意識の依存欲求は、裕福な家庭で育てられた女性や高学歴の女性に多くみられるとされる。有能で仕事ができ、社会的に自立している反面、他人に依存したいという潜在的な欲求も強く持っているという。

日本ではシンデレラ・コンプレックスというと、女性が心のなかに持つ依存願望のことだと考えられている。それはその通りなのだが、ダウリングの本がその当時の女性たちに受け入れられたのは、その著書のなかに、シンデレラ・コンプレックスを自ら乗り越え、新たな人生を歩みはじめた著書の実体験が描かれていたことが大きい。その当時、多くの欧米の女性たちは、新しい時代の価値観と自分が子供のころに身につけた価値観とのズレに悩んでいた。その内面の葛藤を描き、女性が内側から自身を変え、シンデレラ・コンプレックスを乗り越えた先には、いままで見たことがない新しい地平線が広がっていると思わせてくれたのがこの本だったのである。こうして同時代の女性たちの共感をえたことが、この本が欧米でベストセラーになった理由だ。

この話をした際、ある日本の中小企業の女性社長が、パートナーをなくして自分が会社を引き継いだ一時期、ひどく落ち込んでいたと話してくれた。そのときに、自分のいままでの人生をふり返り、自分が若いときから自立した女性として生きたいと望んでいたことに気づき、社長を自分の天命として受け入れたのだという。

あくまでわたしが聞いた一例ではあるが、このエピソードが興味深いのは、社長となることに躊躇する気持ちには、洋の東西を問わずリーダーシップをとりたがらない女性たちに共通する心理があるからだ。

男尊女子社会

エッセイスト酒井順子は著書『男尊女子』(二〇一七)の中で、日本は女性がリーダーシップを取りたがらないだけでなく、女性が自ら一歩引いて生きることを選択している「男尊女子」社会だと説いている。著者自身もその一人で、「一歩引くとラク!そして面倒くさくない!」という事実を男女共学で発見し、そのままラクな方に流れていったと言う。

酒井はこうした男尊女子の行動は、社会規範に縛られているからではないという。もはや日本は男女を「べき」で縛る社会ではなくなっており、男尊女子を生きている若い女性たちは、むしろ自ら選択してそうしているのだという。

ではなぜそのような行為を選択しているのかというと、バブル世代をみて、女性が男性社会で働くことはそう簡単ではないと思ったからだ。「仕事に熱中しているうちにハタと気づけば婚期&産期を逸するといった人も激増」し、その結果「結婚も出産もしたい。自分がボロボロになってまで、仕事と家庭の両立もしたくない」ということで、主体的に一歩引き、男性を立て、専業主婦になることを望む女性がいま増えているのだとみる。

専業主婦志向を持つ男尊女子が増えていると聞くと、やはり女性は専業主婦願望が強く、あてにならないと思われてしまうかもしれない。しかし、日本の社会の女性をひと括りにして語るのは危険だ。どのような人生を理想とするのかについて、女性の間で多様性が見られるからだ。女性のなかの違いに目を向けることが重要である。

他の章でも引用した二〇一一年のＲＩＷＡＣ調査をみると、「好きな仕事についてその仕事を一生続けたい」と回答している高学歴女性が三〇・一％、「仕事と家庭の両立派」が三七％、「仕事よりも私生活を優先させたい」が一六・九％となっている。つまり高学歴女性のあいだでは、言われているほど専業主婦志向が強いわけではない。

しかし第四章でもみたように、問題は三割の仕事重視の女性が初職を離職する確率が、仕事と家庭の両立派よりも高いことである。冒頭で紹介した日本経済新聞が行った調査によると管理職志向を持つ女性も二割程度と低い。

なぜ女性は高い意欲を保ったまま仕事を続けにくいのか。リーダーになりたくないという女性が多いのはなぜなのだろうか。

なぜ女性はリーダーになりたがらないのか？

二〇一七年十二月十六日に日本女子大学の現代女性キャリア研究所で「女性はなぜ管理職になりたがらないのか」というシンポジウムを開催した。日本には、女性が管理職になりたがらない環境が作られてしまっているのではないかという問題意識から、その環境とは何かを明らかにするために企画されたものである。

興味深いのは、女性が管理職になりたがらない環境が作られてはいるのだが、実際には、女性の方が管理職に向いているのだという。

リーダーシップには、「交換型リーダーシップ」と「変革型リーダーシップ」という二つのタイプがあり、前者はアメとムチを使い分けて、リーダーが意図する方向に人びとを導くといった従来型のリーダーであり、後者はそうしたリーダーではなく、各人が内発的な動機によって自律的に仕事に取り組む環境を作り出すリーダーのことをいう。いまの時代が求めているのは、変革型リーダーであり、それには女性の方が向いているのだという（トーゲル、二〇一六）。

シンポジウムの登壇者の一人、日本女子大学の本間道子教授も、女性性に根ざしたリーダーシップが高く評価され、成果を出していることを報告している。女性のリーダーは自分が上に立つのではなく、部下に配慮してメンバーが働きやすい環境を作ることで、部下を下から支える傾向がある。また女性は社会的感受性が豊かで社会に対する責任感が強いので、会社の不祥事が起きにくい。

にもかかわらず、女性がリーダーになりたがらないのはなぜなのか？

パネリストの一人、広島大学の坂田桐子教授は、管理職のイメージが従来の男性型から変化していないため、典型的な女性のイメージと、男性型のリーダーシップ（交換型リーダーシップ）のイメージの間に不適合が生じてしまうからだという。事実、管理職のイメージをたずねると、多くの人は男性と答える。そのために、女性は無意識に男性型リーダーシップを取ることによって社会的な制裁を受けることを怖れて、リーダーを目指さない傾向がある。これは洋の東西を問わず共通しているそうだ。

こうした現象を、社会心理学では「役割不適合性理論」という。社会で望ましいとされている女性のステレオタイプと、リーダーのステレオタイプとの間にギャップがあり、女性は自分が否定的なステレオタイプでみられ、判断されているかもしれないという脅威にさらされ、管理職を志向しない傾向があるという。

新しいロールモデルを作る

坂田は職場に適切なモデルがいると、この脅威を克服することができるという。会社に女性を育て、女性＝リーダーであることに違和感を感じさせない風土があり、失敗した場合にも会社に居場所があるという職場への所属感があると、このステレオタイプ脅威を克服できるそうだ。

ただしこのモデルが常に長時間労働をしている「ガンダムウーマン」タイプだけであったりすると、逆効果になる。たとえば家事も両立している女性でも管理職になることが可能だと思わせるロールモデルでないと、リーダーを目指す女性が増えない。つまり、モデルの中に多様性が必要なのだという。

またロールモデルが女性である必要はない。OECDセンター長の村上由美子（二〇一六）は、新しい管理職のロールモデルとして、仕事で成果を上げながら、家族を最優先させているCFO（最高税務責任者）をその一人として挙げている。彼は自分がそうであるからか、男性の従業員や部下の育児参加にも理解を示す。子育てに積極的に関わる男性をイクメンと呼ぶが、彼のように、そのイクメンを職場で支援するために、仕事と育児を両立しやすい環境の整備に努めるリーダーを「イクボス」と呼んでいる。

同様の事例を日本の中小企業で聞いたことがある。育児休職後にフルタイムで復帰した女性管理職が、仕事と育児の両立を実践している男性上司を自分のメンターであり、最大の理解者だと述べていた。

日本には、女性管理職のメンターやロールモデルがいないと言われる。イクボスを増やすことがその一助になるのではないか。そのために男女を問わず、働き方の選択肢があることが重要だ。この点については次の章で述べることとする。

二. 好意的性差別

女子力とルミネのCM

昔は、女性に対して明白な差別があった。女性には投票権がないとか、大学に入学する資格がないといった差別である。こういう差別は見えやすく、差別を乗り越えようとする気持ちも湧く。しかし、目に見えない差別であると、気づきにくく、うまくいかないのは自分のせいだと、被差別者がそれを内面化してしまい、自信を失ってしまうということがおきてしまう。一例を挙げてみよう。

最近「女子力」という言葉をよく聞く。二〇〇九年には流行語大賞にノミネートされた。酒井は著書『男尊女子』の中で、女子力は良い意味での女性性を表した言葉で、料理上手で気配り上手な女性がイメージされているという。「女のくせにそんなこともできないのか」「そんなことではお嫁にいけないぞ」といった表現が女性差別的だとされたために、「女子力低いな」がそれに代用されるようになってきているらしい。何れにしても、使っている方に悪気はないという点が、問題なのである。

ルミネが以前女子力の低い女性（寝不足でラフな服装の女性）と女子力の高い女性（メイクや服装などで女性らしさを出している女性）とを対比させたCMを作成した。女子力の低い女性が、出勤途中で上司にあう。「何か顔疲れてんなあ、残業?」と言われ、「普通に寝ましたけど……」と応えると、上司は「寝てそれ?」という。社屋に入るとメイクをきちんとして、可愛らしい格好をした女性が上司に向けてにこやかに挨拶する。男性は「やっぱりかわいいなあ、あの子」とつぶやいた後に、ラフな格好の女性に対し「君と女子力の高い女性では需要が違う」と言ってのける。その上、「この場合、『単なる仕事仲間』であり、『職場の華』ではないという揶揄」という説明が画面上に出てくるのである。

服装やメイクをきちんとしていないと女子力が低いと言われ、女子力の高い女性も「職場の華」でしかない、というメッセージを打ち出したCMが、いまからわずか二年前の、二〇一五年に作られた。このCMは女性蔑視であるとしてネット上で炎上。ルミネが謝罪し、取り下げられた。

二〇一七年には過労自殺した電通の女性新入社員が命を絶つ前、上司から「目が充血したまま出勤するな」「女子力が低い」と言われていたことが報道された。

女子力が低いと言われてなぜ女性は自信を失ったり、自己肯定感を削がれたりするのか。それは上司の発言を、女性はこうあるべきという社会規範から自分が逸脱していることへの批判と受け取り、発言した相手に問題があるとは考えずに、自分自身を責めてしまうからである。ルミネのCMの中で女子力が低いと暗に指摘された女性も「最近、サボってた？」という心の声を発している。そして、「変わらなきゃ、変わりたい？」というルミネからの声がそれに続いている。心の声は、社会規範から逸脱しているという声（制裁）であり、変わらなきゃ、はそれに対して自分が社会から期待されている女性に変わらなければダメだという声なのである。

この場合女性にこのような心の葛藤を与える原因は、上司の意識であり、発言にある。しかし、実はこの上司の発言は軽い揶揄やからかいに過ぎず、悪意はない。さらにいえば、一生懸命働いている女性部下に対して頑張って欲しいと思っているのかもしれない。つまりこのCMは、男性から見ると、それほど逸脱していると判断されないのではないかと思われる。そして女性と男性との間にあるこの見え方のギャップこそが、いま職場でさまざまな問題を生み出している好意的性差別といわれるものである。

好意的性差別

性差別には敵対的性差別と好意的性差別の二つのタイプがある。敵対的性差別とは、女性を否定的に評価すること、また女性は男性よりも劣っていると考えることである。女性が男性の領域を犯そうとしているといった敵対的な考え方、反感などがそれにあたる。

わたしが聞いた事例では、子供がいる女性新聞記者に対して、上司が皆の前で「うちのチームには半分の力しか出せない記者が一人いる」といったという。

このような性差別はわかりやすく、女性もその被害者として自信を失うだけでなく、それに対する反発から、逆に奮起して成功するケースなどもある。

一方で好意的性差別とは、伝統的女性役割を果たす女性を、保護され崇拝すべき対象とみなす好意的で父性主義的な態度によってもたらされる差別を指す。実はこちらの方が始末に悪く、女性に自己効力感の低下や自信を失わせやすいうえに、パフォーマンスの低下をもたらしがちなのだという。

この仕事は大変だから女性には無理だろう。女性はコンピューターのシステムはわからないだろうから、代わりにやってあげるが、やり方を教えてあげない。仕事と育児の両立は難しいだろうから責任ある仕事は独身の女性にやってもらうことにしよう。一見女性に優しく見えるこのような配慮が、女性が職業人として経験を積み、より高度なスキルを獲得する機会を奪ってしまっているのである。

一方でこのような異性からの好意を断ると、生意気な女性だと思われてしまう。優しい、可愛い、弱いといった女性に対するステレオタイプに抵触するので、仕事ができるビジネスウーマンとして見られたい自分と女性のステレオタイプを生み出している社会規範との間にジレンマが生じてしまう。

男性側の善意が伝わらず、思ってもいなかった受け取られ方をされてしまうことがある。その結果、女性部下の自信を失わせ、パフォーマンスを下げてしまうとすると双方にとって不幸である。いまグローバル企業では、そのギャップを埋めるためのダイバーシティ・トレーニングが行われている。これについては次の章で述べたい。

母親だから

独身の女性に対する好意的性差別も大きな問題であるが、日本で最もよく耳にするのが、働く母親に対する好意的性差別である。

日本では子育ては女性の仕事であるとされてきた。幼い子供を育てながら働くお母さんに配慮をすることが当然という価値観がある。しかしこれも個人差が大きい。配慮して欲しい女性もいれば、配慮が逆に自信の喪失につながるケースもある。

現在外資系企業で管理職をつとめる女性と話をしていたときに、以前働いていた日本企業での経験を聞いたことがある。彼女はキャリア意識が強く、子供はベビーシッターに預けて男性と同じように残業もこなしていた。

そんな彼女にある日上司が「君にはハンディがある。それは子供がいることだ」と言ったそうだ。それを聞いて、自分がどれだけ努力をしてもこの会社でこれ以上昇進することはできないと悟って、転職を決意したといっていた。外資企業では子供がいることをハンディだと感じさせられたことはなく、それが日本の企業と外資との大きな違いではないかと述べていた。

他にも子供がいるという理由で希望しても出張に行かせてもらえないこともある。また子供がいる女性に昇進の希望を聞かない上司もいる。「君はいいよね」といってスルーされたというのだ。

こうした発言をきくと、上司の言葉により傷ついているのはモティベーションの高い女性たちだ。他方、子育てと両立しながら長く働きたいと考えている女性たちは、もっと配慮してもらいたいと思っている。つまり上司は、女性の中の多様性を意識して、コミュニケーションを密に取りながら、各自のニーズに合わせた支援をしていく必要があるということだ。どうしたらそのようなことが可能なのかは、次の章でみていきたい。

「#MeToo」が問いかけるもの

米誌タイムは毎年、その年に活躍したり、話題を集めた人物を「パーソン・オブ・ザ・イヤー」として発表している。二〇一七年十二月に選ばれたのは性的加害行為やセクハラに抗議の声を挙げた女性や男性たちで、「Silence Breaker（沈黙を破った人たち）」である。

二〇一七年、アメリカでは「#MeToo」というハッシュタグが大流行した。#MeTooをつけて、SNS上でハリウッドの大物プロデューサーによるセクハラの実態を実名入りで公表する投稿が相次いだのである。告発は止まることなく続き、実力をつけた女性たちが業界で力を持つ男性の意識改革を促している。

日本ではまだそれほど広がりが見られないものの、伊藤詩織さんの著書『Black Box』（二〇一七）や有名ブロガーの実名での告白をきっかけに、セクハラやパワハラの被害がネットを通じて明らかにされている。なかには就活中の面接で「君みたいに容姿の綺麗な人がハキハキ意見を言うのが気に入らない」「女を武器にしている」「スカートが短い」といわれたとする告発もある。

背後にあるのは、男性が女性は保護され崇拝されるべき存在であると考える父権主義的な意識構造である。「パターナリズム」と言われるこの意識は、強い立場にあるものが弱い立場にあるものに対して、本人の意思を問わず介入し、干渉することを言う。男性に限らず女性でも強い地位にいる人たちは、無意識のうちにパターナリズムに陥っていることも多い。これが高ずると、パワハラやセクハラに発展する。

妻を亡くした上司が、被害者を自分の娘と同一視し、毎日電話をかけて自分の私生活を報告したといったケースもあった。また、職場で男性社員と意見が合わずにパワハラにあい、上司に相談したところ、君を娘のように思っているから、ここは我慢してくれと説得されたというケースもある。

パターナリズムは善意から発しているので、加害者である本人がそのことに気づきにくく、被害者もそう言われる自分に問題があるのではないかと思い、自分を責めてしまう傾向がある。そのために表面化しにくかったセクハラやパワハラがいま表面化されたことは大きな前進だ。

この章では、わたしたちが仕事をしたり生活をしたりするなかで、無意識のうちに作られているステレオタイプについてみてきた。こうした男女の意識の壁が、女性が活躍できない環境を作ってきた。上司は、無意識の偏見に気づき、部下の成長を支える必要がある。また、女性自身も社会のステレオタイプからくる脅威に打ち勝ち、自分の可能性に気づき、潜在能力を高める時代になっている。そのための管理職研修や女性のリーダーシップ研修が必要になっているのである。

◉第十二章

ダイバーシティ&インクルージョン

一．経済のためのダイバーシティ

ダイバーシティ・マネジメントとは何か

最近、ダイバーシティ経営という言葉をよく聞く。しかし、それが何を意味しているのかについての理解は人によって異なる。

ダイバーシティ・マネジメントとは多様性を受け入れ、組織の強みとして活用するマネジメント（経営スキル）のことである。

アメリカでダイバーシティ・マネジメントが注目されたのは一九八七年のことだ。この年に、二〇〇〇年の労働力構成を予測した『Workforce 2000』という報告書が出版された。この報告書には、当時から十三年後の二〇〇〇年には、労働力に占める白人男性の比率が大きく減少し、少数民族や女性の比率が増えることが指摘されていた。このような変化がおきれば、当然消費者が大きく変化し、顧客も多様化することが予想される。

この顧客の多様化にあわせて、人材の多様性を生かした経営をすることが業績を上げることにつながる、というわけだ。女性の視点や異なる人種の視点が商品開発に生かされることで、ヒット商品が生み出されやすくなるからである。

性別にかかわりなく活躍できる職場が作られていなければ才能のある女性はこない、というのはゴールドマンサックス証券会社の汎アジア投資調査統括部長のキャッシー松井さんである。松井さんは、「ウーマノミクス」という言葉の生みの親であり、政府のアドバイザーとして女性活躍推進法の成立にも大きな影響力を持った女性だ。

ちなみにウーマノミクスとは、「ウーマン」と「エコノミスト」を組み合わせた造語。キャッシー松井さんが一九九九年から提唱している概念で、女性の活躍が経済だけでなく、消費を喚起し、経済の活性化につながるという議論のことをいう。

また、マイケル・シルバースタイン『ウーマン・エコノミー――世界の消費は女性が支配する』（二〇〇九）では、世界の消費は消費者としての視点を持つ女性が生産者となることによる企業への貢献の重要性が述べられている。

女性の社会進出と生産性の向上

とはいっても、本当に多様な人材を雇用することがビジネスに良い影響を及ぼすだろうか。ジェンダー・ダイバーシティが経済にプラスの効果を持っていることは、多くの研究による裏付けがある。

ＩＭＦの試算によれば、日本の女性労働力率がＧ７レベルまで上昇すれば一人当たりのＧＤＰは約四％上昇し、北欧レベルまで上昇するとさらに四％増えると推計している。ＯＥＣＤも日本の男女間の労働力率の差が二〇三〇年までに半分縮まれば、ＧＤＰの年平均成長率は一・五％増加し、一人当たりのＧＤＰは一・九％増加すると推計している（村上、二〇一六）。

図12－1は、女性の就業率と一人当たりのＧＤＰとの関係をみたものである。これをみると、両者には正の関係があることから、女性の労働参加が進んでいる国ほど、生産性が高いことがわかる。

さらに山口（二〇一七）は日本のデータをもとに、課長以上の管理職の女性割合が増え

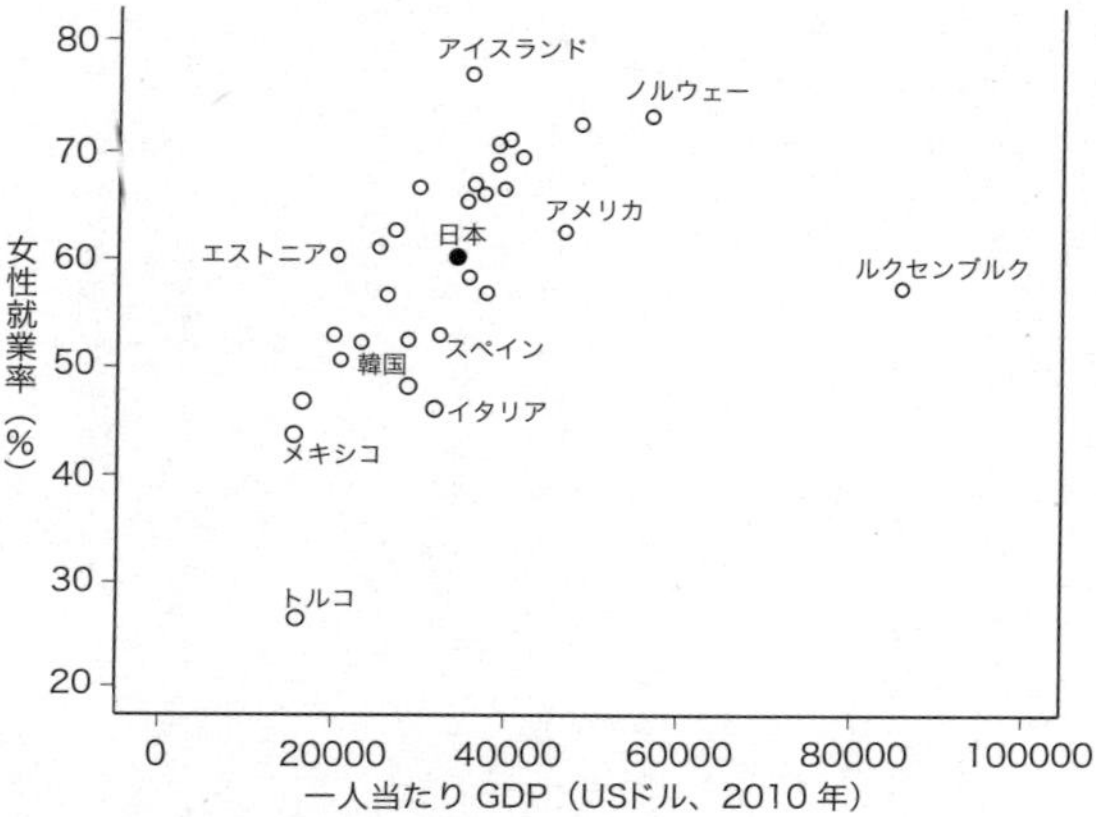

（出所）OECD『OECD Factbook』(2013)

図12-1　一人当たりGDPと女性の就業率の関係

ると、企業の生産性と競争力が有意に増大するという。また同時に、性別にかかわりなく社員の能力発揮に努めている企業では、そうでない企業に比べて生産性と競争力が有意に高いということを実証しているのである（第五章）。

またアトキンソン（二〇一六）は、一人当たりのGDPが高く、女性の就業率が高い国では、例外なく男女間の賃金格差が小さく、それは高い賃金にふさわしい能力を身につける機会が女性に与えられてきたからにほかならないと述べている。

事実として、生産性ランキング上位を占める国は、ほぼ例外なく女性の給与が高いという特徴があります。繰り返しになりますが、それはただ単に高いのではなく、それなりの仕事を与えて、それなりに生産性を高めて、その分が給料アップに結びついているということです。（アトキンソン、二〇一六、二九六頁）

アトキンソンの議論と山口の実証結果を合わせると、女性に場と機会を与えて管理職を増やすことは、日本企業の生産性を高めることになる。

低いダイバーシティ・マネジメントへの理解とサポート

女性管理職を増やすことは、企業の業績を上げ、日本の経済を発展させる。それにもかかわらず日本の組織でダイバーシティが推進されていないのは、推進の目的を理解している企業が少ないからである。以下のような調査結果が発表されている。

P&Gの啓発組織「P&Gダイバーシティ&インクルージョン啓発プロジェクト」では、二〇一七年に従業員百人以上の企業で働く管理職千名（男性九七八名、女性二二名）を対象にして、「ダイバーシティ時代の管理職千人の本音調査」を行っている。

その結果、自分の職場で「人材の多様化」が起きていると実感している管理職は七一・八％いるにもかかわらず、「ダイバーシティ推進が実際に勤務先で経営戦略に組み込まれている」と認識している管理職は約三割に過ぎない。そのうち、それに取り組む目的が明確に示されていると回答した管理職は三六・七％と半数にも達していないことがわかった。つまり多くの企業で、ダイバーシティ推進の目的が明確にされていないのである。

また実際にダイバーシティの推進が必要だと考えている管理職は、五二・三％と約半数に過ぎない。役職別でみると「本部長クラス」では六四・六％に対して課長クラスでは四九・七％と現場レベルに近づくにつれて減少傾向がみられる。

否定派からは「顧客サービスや営業成績に直結すると実感できない」といった意見や、「個々の多様性を尊重することでかえってコミュニケーションの阻害要因になることもありえる」といった意見があげられた。このような意見から示唆するのは、多様性を理解するためのコミュニケーションスキルが現場で不足していることである。

ダイバーシティの推進が必要と答えた人のうちの半数は、管理職による推進が必要だと回答しているが、実際に自分自身がその役割を果たせていると感じている人は全体の一二・三％と少なくなっている。

このように人材が多様化し一律の管理が難しくなり、マネジメントが高度化、複雑化しているなかで、そのための企業からのサポートがあると回答している人は二四・四%にとどまる。一方で、管理職研修を望んでいる人は五七・一%にのぼっている。

これらのアンケート調査の結果から浮かんでくるのは、日本の職場の多くで、企業がダイバーシティを推進することの目的が理解されていない、ということだ。他方、実際に人材の多様化が実際の職場で起きており、管理職に新たなマネジメント能力が求められているにもかかわらず、企業の研修が実施されていないのである。

二．ダイバーシティ&インクルージョンに向けて

P&Gの実践

このような実態に対してP&Gでは、自社のプログラムを紹介する講演会や識者を集めたシンポジウムを実施したり、あるいは希望する会社には無料で管理職トレーニングを実施したりしている。

以下ではP&Gによって実施されている管理職を対象としたトレーニングの概要をもとに、ダイバーシティ&インクルージョンについてみていこう。

ダイバーシティ＆インクルージョンの目的

Ｐ＆Ｇによる女性社員の活躍推進の取り組みは一九九〇年代から始められている。一九九二年に「ウーマンズネットワーク」を発足させ、そこから九七年までを女性に積極的に活躍の場を与えていく第一ステージと位置づけている。九八年から二〇〇七年は、個々の多様性を尊重しダイバーシティが推進される第二ステージ。九九年にはダイバーシティ推進担当が配置され、新しい制度が導入された。そして二〇〇八年から現在にいたる第三ステージでは、市場での競争力向上のためには多様性を受け入れそれぞれが活躍するダイバーシティ＆インクルージョンが必要不可欠と認識し、これを経営戦略として推し進めている。

Ｐ＆Ｇの日本法人の社員国籍数は十九カ国に及ぶ。これだけの多様な人材を登用し、内部からの昇進によって人材を育成している。その成功の鍵を握るのは、インクルージョン。つまり「違いをお互いに理解し、認め、受け入れ、活かし合う」ことだ。そのためには社員一人ひとりが自らの価値を認められていると感じられている組織を作ることが重要だと考えているのである。

このような理念を実現させるためには、経営陣自らが、ダイバーシティ＆インクルージョンを経営戦略として掲げ自ら実践するだけではなく、社員一人ひとりにそれを経営戦略として理解してもらい、違いを受け入れ活かすためのスキルを獲得してもらう必要がある。なかでも、現場の社員と日々直接かかわる立場の管理職は、ダイバーシティ＆インクルージョンを推進するための要であり、特にインクルージョンスキルを獲得することが重要になっている。

インクルージョンスキルの獲得のために

P＆Gでは、インクルージョンの実現のためには制度だけ導入したのでは効果が薄く、それを使いこなすスキルを社員が獲得することによって、初めて制度がプラスの効果を生み出し、企業文化を変える力を持つと考えている。

それでは具体的に管理職はどのようなスキルを獲得すればいいのだろうか。それは社員を受け入れ、認め、その人の持つ能力を活かし輝かせるというスキルであり、相手が受け入れられ、期待されていると感じる瞬間を多く作ることである。

具体的には、①双方向のコミュニケーションによって、管理職は部下を方向づけし、目標が達成されるように手助けし、成長を認め、貢献を評価すること、②わたしたちはだれでも無意識の偏見（unconscious bias）をもっていると知ることが必要だ。これは管理職が前の章で紹介した「変革型リーダーシップ」の力を獲得するためのトレーニングの実践であり、また、無意識の偏見に気づくためのトレーニングでもある。

たとえば仕事を割り振るとき、育児休業から復帰した女性社員には無意識のうちに負担が軽い仕事を振り分ける。仕事ができるのは子育て中のAさんなのに独身のBさんを昇進させる。あるいはAさんはいつも文句を言わずに引き受けてくれるのでAさんに仕事をふってしまう。中途採用の社員は会社のやり方を理解していない。

このように誰もが無意識のうちに持っている偏見や思い込みによって、偏った仕事の割り振りをしてしまう。そのことが社員の成長の機会を奪ってしまっている。独自の理解、好みによる選択、社会規範などから生じる無意識の偏見を意識して排除し、可能性を全ての社員に与えていくことが必要になっている。

この事例をみてもわかるように、ダイバーシティ&インクルージョンを実現させるためには、相手への思いやりやコミュニケーションスキルなどが必要だ。これは男女関係なく持っているものである。日頃から部下とのコミュニケーションをこころがけ、部下への配慮を怠らない管理職であれば、男女を問わず、管理職として成果をあげることができることがわかるだろう。無意識の偏見に気づき、違いを理解するためのコミュニケーションスキルを獲得するための研修が日本の企業でも必要になっている。

同社では、社員へのヒアリングをもとに制度を見直し、必要であれば新たな制度を導入すると同時に、社員自身が最も成果が上がる働き方を自分自身で考え、上司と相談して決めているそうだ。そして、一年間で取り組む優先課題と明確なゴールを上司とともに期初に設定し、それを定期的に振り返りながら、仕事をしているという。

資生堂ショック

資生堂が最近行った働き方改革も、ダイバーシティ・マネジメントの事例の一つだ。

資生堂は他社に先駆けて子育て支援を行い、社員が仕事と子育てができるための環境整備を進めてきた会社として知られる。その資生堂が、育児のために原則早番の十時から十六時までの時短勤務をする美容部員約一二〇〇名に対して夕方以降の遅番や土日のシフトに可能なかぎり入るように二〇一四年四月から働き方を見直した。

ところが、この資生堂の働き方革命が二〇一五年十一月九日のTV番組「おはよう日本」で「〝資生堂ショック〟革命のねらいとは」と題して大きく取り上げられたところ、「育児に理解がない」「女性に冷たい」「マタハラではないか」「時代に逆行している」といった批判が相次ぎ、一時は資生堂製品の不買呼びかけにまで発展したのである。

しかし、このことがマスコミで取り上げられると、議論は思いがけない方向に展開し、資生堂の働き方改革を支持する声が大手企業を中心に広がっていったのである（AERA編集部・大沢、二〇一六）。まずは資生堂の女性活躍の足取りをみていこう。

資生堂は社員の八三％が女性である。資生堂人事部ビジネスパートナー室長の本田由貴によると、十年前は結婚・出産を機に退職する女性が多かったという。そこで制度改革を進め、育児休業、短時間勤務、企業内託児所の設置に加えて二〇〇七年には美容部員が育児をしながらも仕事が続けられるように、夕方以降の人手不足を補うカンガルースタッフ制度を導入するなどして、両立環境を整えた。その結果、出産後も継続して働く女性が増えたが同時に時短勤務の美容部員はこの十年で約三倍にふくれあがり、全美容部員の一割を占めるまでになった。

そうなると彼女たちを支える側の負担も増え、支えられる側との間に不協和音が生じるようになった。他方、時短勤務者は、夕方以降の発注業務や多忙な時間の顧客対応をしないことでスキルの形成に遅れがみられるようになる。

そこで二〇一〇年に半年かけて、育児中の女性でもキャリア形成ができるように、夕方以降の業務や週末のシフトにも入る「働き方革命」と、また管理職を対象とした導入研修を行ったのである。

それまでの女性活用の制度がCSR（企業の社会的責任）や福利厚生制度の一環として打ち出されてきたのに対して、今回の働き方改革では、経営戦略として、女性社員の戦力化が打ち出された。

「女性にやさしい」その先へ

今回の働き方改革の特徴は、新たな制度を導入するのではなく、コミュニケーションによって問題解決をはかっているところにある。女性社員の戦力化を実現するために、上司である営業部長らが、一人ひとりの社員と面談をした。遅番や週末シフトに入ることに問題がないかどうかを確かめ、問題がある場合には、その解決策についても話し合っている。

この面談の前には、管理職を集めて、その趣旨を理解してもらうことをはじめた。面談の要点は、チームのなかで支える人と支えられる人という壁を取り払い、一人ひとりにプロとして、チームの一員として貢献してほしいということを伝えることだ。これは女性を排除するのではなく、子供がいるという理由で活躍を制限することはしない、という会社の方針が大前提になっていることに対する管理職への理解を徹底させたのである。

また、社員にも「わたしにとって仕事はこういう意味がある」ということを考えてもらい、家族でも話し合ってもらったうえで二〇一五年に働き方革命を行った。多くの社員はその趣旨を理解し、会社の新しい方針を受け止めたのだそうだ。

このプロジェクトを推進した本多さんは、これを「一人ひとり違うということを全体で理解して進めるフェーズ」だと述べている（AERA編集部・大沢、二〇一六）。そこで鍵になるのがコミュニケーションであり、上司と部下、また家庭でのコミュニケーションが重要になる。夫と初めて自分の仕事について話しあい、どうして仕事を続けたいのかを話すことで、自分の仕事を理解してもらう良いきっかけ作りとなったという声も上がってきたのだという。

このようにコミュニケーションによってお互いの問題を解決しようとする雰囲気ができてくると、社内で育児関連の問題を重要課題として掲げる必要がなくなり、いま社内は落ち着いた、いい雰囲気で女性社員が仕事をしているという。つまり、資生堂は新たなダイバーシティ経営の段階に入ったのだということである。

女性に冷たいとして「ショック」と受け取られた資生堂の働き方改革は、いままでは「子育てを聖域にしない経営」として社会に受け入れられるようになった。そして、焦点は、夫婦が共に子育てをし、働くための「働き方改革」にシフトしているのである。

ちなみに、P&Gも資生堂も、このような働き方改革によって、新たな商品やサービスが生み出され、順調に業績を伸ばしている。

三、働き方改革

生産性向上と長時間労働の是正

ダイバーシティ経営に欠かせないのが、仕事と家庭を両立させるために、さまざまな働き方が選べる仕組みの導入だ。P&Gの事例を紹介すると、勤務時間を月単位で管理できるフレックス・ワーク・アワー、月に五日間勤務場所を自由に選択できるロケーションフリーデー、会社と在宅を組み合わせたコンバインド・ワークなど、柔軟に働ける制度が整備されている。

これらの制度は、ワークライフバランス施策と総称され、時間制約を持って働いている労働者を対象としていることが多い。そのために、企業の福利厚生制度のなかの両立支援制度と捉えられることが多く、真の目的が、生産性の向上にあることはあまりよく理解されていない。

ワークライフバランスに関する講演をするとよく質問されるのは、「寝食を忘れて仕事に没頭することがなぜ問題なのか」である。つまりワークライフバランスは、仕事はそこそこで余暇を楽しむという意味であると解釈されているのだ。この誤解を解かないで、制度だけを導入しても生産性の向上には結びつかず、無理だと諦めてしまうことになりかねない。それでは制度を導入する意味はない。

ワークライフバランス施策を導入して、破綻した日本の銀行を再生し上場させたスター銀行の元の頭取のタッド・バッジ氏は、制度を導入するときには、この概念に対する誤解を解く必要があるという。バランスを取るというと、労働時間と余暇時間の両方を天秤にかけて水平になるようにすることをイメージしやすい。

しかし、バッジ氏が考えるワークライフバランスは、人生の中で仕事、人間関係、健康、社会貢献という四つのボールを持ち、それをお手玉のようにジャグリングすることだ（バッジ、二〇〇四）。それぞれのボールの大きさはどうでもよく、この四つをバランスさせる必要もない。

バッジ氏は、以下のように述べる。


四つの分野をうまく結合させ、融合させることによって、よりよいものが生まれる。このシナジー（相互作用・相乗効果）の重要性を理解しないと、「足るを知る」ということは、高い水準の満足を求めるのではなく、そこそこで満足することなのだといったメッセージとして受け取られてしまう。

そうではなくて、仕事だけをしていたのでは、よい発想ができず、まあまあの結果しか出せないということに気づくことが重要なのだとおもう。豊かに生きることが仕事のうえでプラスになる。

（大沢、二〇〇八、二四七頁）

働くうえでバランス感覚が重要になってきているのは、経済のサービス化や情報化が進み、肉体労働から頭脳を使った判断業務が多くなり、疲労の質が、動的・全身疲労から静的・局所的疲労へと変化したことが大きい。この後者の疲労からの回復には前者よりも十分な休息時間が必要で、十分な休息を取らずにストレスや疲労を蓄積させたまま職場に戻ってしまうと心身に不調をきたしてしまう。この状態が長く続くとストレスからうつ病を発症し、最悪の場合、自らの命を絶つ過労自殺がおきてしまう。

それを防止するための法制度の整備とともに、わたしたちも意識してバランスを取ることでストレスを減らすことを意識する必要がある。それが効率のよい働き方につながり、会社の生産性を高めることになる。そして、そのような働き方ができる環境を会社は整備する必要があるのである。

テレワークの推進

すでに述べたように日本の管理職の柔軟な働き方に対する関心は高くない。しかし、そのニーズは高まっている。そして、ICT(情報通信技術)などを活用して、自宅やサテライトオフィス、外出先など、普段仕事をする場所とは違う場所で仕事をするテレワークを導入する企業も増えている。

とはいうものの、現在テレワークを導入している企業は全体の一三・三％。また、テレワーク人口（テレワーク制度等に基づく雇用型テレワーカーの割合）は七・七％にとどまる。政府は二〇二〇年までに導入企業を三四・五％に、またテレワーク人口を一五・四％に増やす計画を立てている。このように導入はそれほど進んでいないのだが、効果があったという企業は八六・二％と高い割合になっている。

また、二〇二〇年の東京オリンピックで予想される混雑を回避するために、政府は二〇二〇年に向けた国民運動プロジェクトとして、二〇一五年から十一月をテレワーク月間と決め二〇二〇年までの七月二四日を「テレワークデー」として、全国一斉にテレワークを実施する国民運動プロジェクトを実施している。二〇一七年には六三二団体が実施登録し、六万三千人が実際にテレワークを実施した結果、約五割以上が業務効率向上を実感し、約八割がワークライフバランスの向上を実感している。

グーグルの「未来の働き方トライアル」

日本でテレワークの導入が遅れている背後には、心理的な抵抗感がある場合がある。

グーグルでは、柔軟な働き方を組織で根づかせるため、二〇一四年十月からテクノロジーを活用した「Women Will 未来の働き方トライアル」を発足させ、二〇一六年三月より実施している。参加企業は三一社、述べ二千名がテクノロジーを活用した新しい働き方を実践している。

三菱UFJリサーチ&コンサルティングが二〇一六年に実施した調査によると、「ノー残業デー」や残業の削減に取り組む企業は七割にものぼるのに対して、フレックスタイムや在宅勤務制度などの柔軟な働き方を増やす取り組みをしている企業は二五・一%、それらの人を対象としたキャリアプランやキャリア形成の方針の明確化に取り組んでいるのは一二・二%、さらに管理職の評価に、ワーク・ライフ・バランスの取り組みに関する項目を設定している企業は一〇・七%と低くなっている。

他方、労働者の六割は働き方を多様化・柔軟化することに賛成しているのに対して、そのニーズを理解している企業は四割とギャップがある。

つまり企業は働き方を変え、生産性を向上させたいとは思っているが、そのための具体的な方法がわからず、その結果その導入が進んでいないのである。

このような課題に取り組むために、未来の働き方トライアルでは、在宅で仕事をする、会議の無駄を減らす、決めた時間に帰るという三つのテーマを設定し、参加企業三一社の協力を得て、二〇一六年四月～十二月にトライアルを実施し、その取り組みの効果を測定している。

在宅勤務

在宅勤務は、時間制約のある人のためではなく、全社員にとっての「新しい働き方」として取り組む必要がある。利用者は上司や同僚に利用予定日を知らせると同時に、業務の整理を行い、上司や同僚がカバーしやすい体制を整えてから、まずは一回、短期間の在宅勤務を経験する。会議はテレビ会議システムを使って、オフィスに近い環境を実現させて行う。

三二・四％は在宅勤務をすることで、仕事に支障がでないか不安であったと回答しているが、実際に支障がでたと回答したのは二・九％であった。

また、とくに管理職の中には、在宅でできる仕事が限られていると思っている人が多いために、このトライアルでは管理職にも在宅勤務を経験してもらった。トライアル実施前には、参加した管理職の四七・一％は仕事に支障をきたすと考えていた。ところが実際に在宅勤務を経験したあとではこの数字は一一・八％に減少している。つまり、管理職が在宅勤務をするのはむずかしいと思い込んでいるだけで、実際にやってみると、業務に支障がでることはあまりないのである。

会議の無駄を減らす

海外からよく指摘されるのが日本では会議に使う時間が長すぎるということだ。時間を金銭的価値で換算すると、膨大なコストを会議のために使っている。これを削減できれば会社にとっても働く側にとってもメリットは大きい。

未来の働き方トライアルでは、会議の目的をはっきりさせ、事前に議題を参加者のあいだで共有し、開始時間と終了時間を守るといったルールを決めた上で会議をすることを提案している。何のための会議なのか。どのような議題があるのか。時間内に何を決めなければいけないのかということが前もってわかっていると、会議の時間が短くなり、かつ明確な結論が導ける。さらに、ＩＴツールを活用して会議中に資料を共同編集し、議事録を作成することで、その後の議事録の作成にかかる時間とそれに目を通して修正する作業にかかる時間の両方が削減できる。

このような会議の無駄を減らす工夫をすることで、六五・九％の参加者が、会議時間が短縮されたと回答し、七六・二％がそれによって人件費が減ったと回答している。トライアルの参加者は、会議の時間を効率化することが、業務の見直しにもつながり、また優先順位をつけて、あらかじめ段取りをつけてから仕事に取りかかるようになった結果、以前よりも効率よく仕事をするようになったと回答している。

退社時間を計画する

退社時間をあらかじめ決めて効率よく仕事をするために、トライアルに参加する部署の全員が提供されたスケジューラーを活用し、一カ月先のスケジュールを組み、そこに予定帰宅時間を入力する。また、プライベートの予定も入れることで、一週間〜一カ月の予定を見据えて、仕事の優先順位や段取りを考えて仕事ができるようになる。そうすることで、同僚の予定に配慮して会議の日や時間を設定をしたり、仕事の依頼をしたりできるようになり、それぞれの社員が仕事とプライベートの両立をはかれるようになる。上司は部下の予定を確認し、部下が効率よく業務を行えるようにサポートできるようになる。

参加者からは、実際にスケジュール表に予定を書き込むことで、自分の仕事が可視化できただけでなく、自分の業務のマネジメントが進み、平均在社時間が全体的に短縮されたという効果が確認されている。

スタート前は半数の人が締め切りや納期内の業務が終わらない不安をかかえていたが、トライアル参加後は不安をかかえる人は四分の一に減少したそうだ。同時に平均勤務時間も八〜九時間から七〜八時間へと一時間減少している。

これまで日本全体で見ると女性活躍を推進する企業が少なかったのは、非正規労働者を活用することで現状維持を図る企業が多かったからである（第十章）。しかし生産年齢人口が減少している日本では、人手不足が深刻化しており、これ以上非正規労働者を増やすのは難しくなっている。

これからの企業の成長は、女性社員の活躍に負うところが大きいのではないか。そのためには、ダイバーシティ・マネジメントを実施することの重要性をトップが理解していることに加えて、わたしたち一人ひとりが多様性を理解し合うためのコミュニケーション能力を獲得し、無意識の偏見に気づくことによって、風通しの良い職場を作っていくことが重要になっている。

おわりに

静かな革命がいま日本で進行している。本を書き始めたときは、そうなのかどうか確信が持てなかったのだが、いま書き終えて見ると、そうなのだとより強く思うようになった。

しかし、それがあまりにも静かすぎるのはどうしてなのだろうか。それは、失われた二十年の間に先進的に女性活躍に取り組んだ企業と人件費の削減のために非正規労働者に依存した企業との両方の存在によって、先駆的な企業の取り組みが見えにくくなってしまったからではないだろうか（第八章）。活躍している女性が徐々に増えてきているとはいうものの、多くは非正規の不安定就労についている。

また、労働慣行や社会保険制度などに性別役割分業が色濃く反映されており、日本にジェンダー平等社会を実現されるうえでの足かせとなっている。

女性の社会進出を進めれば、出生率はさらに低下し、経済格差は拡大する。そういったことがまことしやかに言われてきた。それが女性の活躍推進を進めることを後ろ向きにさせてきた面も否めない。

しかし、実際には高学歴カップルにおいて婚姻率が高く、反対に低学歴層の非正規労働者において、結婚意欲が低く、結婚も不安定になっている（第三章）。つまり、失われた二十年の非正規労働の上昇が少子化をさらに進めた面が強い。また、夫の所得の低下を補うために妻の就業が増加し、結果として、女性の社会進出の増加は所得格差の縮小をもたらしたのである。

静かな革命後の日本は、逆転の発想によってうまくいく社会になる。女性の就業を促進することが、家庭の所得を安定させ、少子化からの回復をもたらすだろう。性別役割分業を前提とした労働慣行から、夫婦共働きを前提して効率良く働き職務に応じて賃金が決まる新たな労働慣行が日本の生産性を上げるだろう。


とはいうものの、女性の活躍は日本経済の活性化につながるという議論に対しては、わたしたちは経済のために働いているのかと言った疑問の声が上がることが多い。そうではない。わたしたちは、幸せな人生を送るために働いている。また、どのような人生が幸せなのかは人によって違う。本書では、一人ひとりが自分の好みに合わせたライフスタイルが選択できる社会が理想という前提のもとで、議論を進めてきた。政府は、そういう社会を実現させるために社会制度を大きく変える必要がある。

日本の会社はいままで女性が仕事と家庭を両立できるように、さまざまな制度を導入してきた。これからは対話を通して、お互いが置かれている事情の違いから生じる摩擦を減らし、だれもが職場の一員と思える職場の環境を整えていく必要がある。そのためのダイバーシティ&インクルージョンを意識した経営が重要になるだろう。

夫婦の関係にも変化が求められている。役割分担にもとづいた伝統的な夫婦から、夫婦がともに働き子供を育てる対等な夫婦へと移行するために、女性の社会進出を進めるとともに、夫の家庭進出を進める必要があるのである。それを実現するために、働き方の見直しと、労働時間の短縮が、解決すべき最も重要な課題となっている。

いま述べたような新しい社会をエスピン=アンデルセン（Esping-Andersen, 2015）は、ジェンダー平等社会と呼び、そのような社会では、カップルの理想にもとづく家族形成が可能になるので、出生率も人口水準維持が可能な水準にまで回復すると述べる。

日本はアジア諸国のなかで初めて静かな革命を経験している。大きな意識の壁を超えて、男女平等社会をどう実現させていくのか。これからの二十年がその鍵を握るだろう。

本書はわたしが書きたかった本であり、書くべき本であったのではないか。執筆を終えて、そんな思いを抱いている。

本書は放送大学の教科書『21世紀の女性と仕事』が元になっている。この本が最初に出版されたのは二〇〇六年である。今回単著として書き直してみて、時代の大きな変化を改めて感じた。女性活躍推進法の施行など、二〇〇六年には想像もできない変化がたくさんあった。また、少ないとはいうものの、日本の若い男性の意識も変化している。このような時代の変わり目に、執筆の機会をくださった放送大学の叢書委員会の皆様、並びに左右社代表小柳学氏に心から感謝いたします。

なお本書は、編集者守屋佳奈子さんとのコラボレーションによって出来上がったものである。原稿に目を通していただき、たくさんの有益なコメントをいただいた。編集者の力によって本書は数段読み安く、わかりやすく、かつ内容の濃いものになった。この場を借りて厚くお礼を申し上げます。

また執筆にあたって、グラフの作成や調査結果のまとめなどにおいて大沢研究室井上純園さんとノ・フェナンさんにたいへんお世話になりました。ありがとうございました。

本書の研究はJSPS科研費15H03360とカシオ科学振興財団からの研究助成によって進めてきた。ここに記して感謝いたします。

大沢真知子

二〇一八年四月

参考文献

AERA編集部、大沢真知子（2016）『「女性にやさしい」その先へ』朝日新聞出版

浅倉むつ子（2016）『雇用差別禁止法制の展望』有斐閣

安部由起子（2011）「男女雇用機会均等法の長期的効果」『日本労働研究雑誌』No.615: pp.12-24

アトキンソン、デービッド（2016）『新・所得倍増論』東洋経済新報社

石井加代子、樋口美雄（2015）「非正規雇用の増加と所得格差：個人と世帯の視点から：国際比較にみる日本の特徴」『三田商学研究』58(3): pp.37-55

伊藤詩織（2017）『Black Box』文藝春秋

石塚由紀夫（2016）『資生堂インパクト』日本経済新聞出版社

井上純園（2014）「フランスにおける女性労働力率カーブの考察」『現代女性とキャリア』6: pp.103-118

エステベス＝アベ、マルガリータ（2011）「男女雇用機会の制度的要件の国際比較――日本の男女格差はなぜ根強いのか」『日本労働研究雑誌』No615：pp.53-62

エスピン＝アンデルセン（大沢真理訳）（2011）『平等と効率の福祉革命――新しい女性の役割』岩波書店

江原由美子（2015）「見えにくい女性の貧困――非正規問題とジェンダー」小杉礼子・宮本みち子編著『下層化する女性たち』勁草書房

大槻奈巳（2015）『職務格差』勁草書房

大沢真知子（1989）「アメリカ勤労者生活の実態と変化」『日本労働協会雑誌』358: pp.15-25

大沢真知子（1993）『経済変化と女子労働』日本経済評論社

大沢真知子（2006）『ワークライフバランス社会へ』岩波書店

大沢真知子（2008）『ワークライフシナジー』岩波書店

大沢真知子（2010）『日本型ワーキングプアの本質』岩波書店

大沢真知子（2015）『女性はなぜ活躍できないのか』東洋経済新報社
大沢真知子、盧回男（2015）「M字就労はなぜ形成されるのか」岩田正美、大沢真知子編著／日本女子大学現代女性キャリア研究所編『なぜ女性は仕事を辞めるのか』青弓社
大沢真知子、馬欣欣（2015）「高学歴女性の学卒時のキャリア意識と転職行動――「逆選択」は起きているのか」『現代女性とキャリア』(7)：pp.87-107
大沢真知子、原田順子（2006）『21世紀の女性と仕事』放送大学教育振興会
大嶋寧子（2011）『不安家族――働けない転落社会を克服せよ』日本経済新聞出版社
大内章子（2012）「大卒女性ホワイトカラーの中期キャリア：均等法世代の総合職・基幹職の追跡調査より」『ビジネス＆アカウンティングレビュー』9: pp.85-105
大竹文雄（2005）『日本の不平等』日本経済新聞社
大嶽秀夫（2011）『20世紀アメリカン・システムとジェンダー秩序』岩波書店
大山典宏（2013）『生活保護VS子供の貧困』PHP新書
大湾秀雄・佐藤香織（2017）「日本的人事の変容と内部労働市場」川口大司編『日本の労働市場――経済学者の視点』有斐閣：pp20-49
釜野さおり（2013）「1990年代以降の結婚・家族・ジェンダーに関する女性の意識の変遷：何が変わって何が変わらないのか」『人口問題研究』69(1): pp.3-41
カンター、ロザベス・モス（高井葉子訳）（1995）『企業のなかの男と女――女性が増えれば職場が変わる』生産性出版
神林龍（2017）『正規の世界・非正規の世界』慶応義塾大学出版会
桐野夏生（1997）『OUT』講談社
金英（2017）『主婦パートタイマーの処遇格差はなぜ再生産されるのか』ミネルヴァ書房
権丈英子（2019）『ちょっと気になる「働き方」の話』勁草書房
小杉礼子、鈴木晶子、野依智子、横浜市男女共同参画推進協会（2017）『シングル女性の貧困』明石書店

斎藤真由子（2015）「資格は本当に役立つのか」岩田正美、大沢真知子編著／日本女子大学現代女性キャリア研究所編『なぜ女性は仕事を辞めるのか』青弓社
酒井順子（2017）『男尊女子』集英社
シルバースタイン、マイケル（森健太郎、津坂美樹監訳　石原薫訳）（2009）『ウーマン・エコノミー——世界の消費は女性が支配する』ダイヤモンド社
周燕飛（2015）「専業主婦世帯の貧困：その実態と要因」RIETI Discussion Paper Series 15-J-034
塩田咲子（1985）「高度経済成長期の技術革新と女子労働」中村政則編『技術革新と女子労動』東京大学出版会
杉浦浩美（2015）「就労意欲と断続するキャリア」岩田正美、大沢真知子編著／日本女子大学現代女性キャリア研究所編『なぜ女性は仕事を辞めるのか』青弓社
スローター、アン＝マリー（関美和訳）（2017）『仕事と家庭は両立できない？——「女性が輝く」社会のウソとホント』NTT出版
武石恵美子（2014）「女性の昇進意欲を高める職場の要因」『日本労働研究雑誌』648: pp.33-47
竹信三恵子（2017）『正社員消滅』朝日新書
橘木俊詔（2008）『女女格差』東洋経済新報社
辻村みよ子（2011）『ポジティヴ・アクション——「法による平等」の技法』岩波新書
鶴光太郎（2016）『人材覚醒経済』日本経済新聞出版社
トーゲル、ギンカ（小崎亜依子、林寿和訳）（2016）『女性が管理職になったら読む本』日本経済新聞出版社
永瀬伸子（2018）「非正規雇用と正規雇用の格差——女性・若年の人的資本拡充のための施策について」『日本労働研究雑誌』No.691
中野円佳（2014）『育休時代のジレンマ——女性活用はなぜ失敗するのか？』光文社新書
日本労働研究機構（2000）『職業キャリアとライフコースの日米比較研究』調査研究報告書No.112
萩原久美子（2006）『迷走する両立支援——いま、子どもをもって働くということ』太郎次郎社エディタス

橋本健二(2009)『「格差」の戦後史』河出ブックス
ハウスマン、スーザン、大沢真知子(2003)「非典型労働の増加の要因と労働市場に与える影響に関する日米比較」大沢真知子・スーザン・ハウスマン編著『働き方の未来——非典型労働の日米欧比較』日本労働研究機構
バッジ、ドット(2006)『仕事も人生も四つのボールでうまくいく』ダイヤモンド社
濱口桂一郎(2009)『新しい労働社会——雇用システムの再構築へ』岩波新書
原伸子(2016)『ジェンダーの政治経済学』有斐閣
原ひろみ(2017)「女性の活躍が進まない原因」川口大司編『日本の労働市場　経済学者の視点』有斐閣
樋口美雄・石井加代子・佐藤一磨(2017)「景気変動と世帯の所得格差——リーマンショック下の夫の所得と妻の就業」『経済研究』68(2): pp.132-149
樋口美雄(2018)「日本の労働市場の変質と非正規雇用の増加——同一労働同一賃金をめぐって」『日本労働研究雑誌』No.691
ブリントン、C・メアリー(池村千秋訳)(2008)『失われた場を探して　ロストジェネレーションの社会学』NTT出版
福田節也・余田翔平・茂木良平(2017)「日本における学歴同類婚の趨勢：1980年から2010年国勢調査個票データを用いた分析」『Working Paper Series』No.14.
松浦民恵(2014)「企業における女性活用の変遷と今後の課題」ニッセイ基礎研究所2014-01-31
松原光代(2012)「短時間正社員制度の長期利用がキャリアに及ぼす影響」『日本労働研究雑誌』No.627: pp.22-33
水町勇一郎(1997)『パートタイム労働の法律政策』有斐閣
三菱UFJリサーチ&コンサルティング(2017)「企業におけるダイバーシティ推進に関するアンケート調査」
村尾祐美子(2013)「正社員の企業拘束性と雇用の非正規化」『現代社会研究』11: pp.87-94
村上由美子(2016)『武器としての人口減社会』光文社新書
森口千晶(2017)「日本は「格差社会」になったのか：比較経済史にみる日本の所得格差」『経済研究』68(2): pp.169-189
山極清子(2016)『女性活躍の推進——資生堂改革が実践するダイバーシティ経営と働き方改革』経団連出版

山口一男(2009)『ワークライフバランス ―― 実証と政策提言』日本経済新聞出版社
山口一男(2011)「労働生産性と男女共同参画 ―― なぜ日本企業はダメなのか、女性人材活用を有効にするために企業は何をなすべきか、国は何をなすべきか」RIETI Discussion Paper Series, 11-J-069
山口一男(2017)『働き方の男女不平等 ―― 理論と実証分析』日本経済新聞出版
山田省三(2011)「四半世紀を迎えた男女雇用機会均等法」『日本労働研究雑誌』53(10)：pp.4-11
山田昌弘(2015)「女性労働の家族依存モデルの限界」小杉礼子・宮本みち子編著『下層化する女性たち』勁草書房
レイモ・ジェームズ、福田節也(2016)「女性労働力率の上昇――結婚行動の変化の役割」『日本労働研究雑誌』674：pp.26-38
労働政策研究・研修機構(2011)「出産・育児期の就業継続 ―― 二〇〇五年以降の動向に着目して」労働政策研究報告書、No.136
労働政策研究・研修機構(2013)「男女正社員のキャリアと両立支援に関する調査」結果、調査シリーズ No.106
労働政策研究・研修機構(2015)「改正労働契約法とその特例への対応状況及び多様な正社員の活用状況に関する調査」結果、調査シリーズ No.151
労働政策研究・研修機構(2016)「労働時間管理と効率的な働き方に関する調査」結果、調査シリーズ No.148
労働政策研究・研修機構編(2017)『非正規雇用の待遇差解消に向けて』労働政策研究・研修機構
Astin, et. al. (2002) *The Smerican Freshman: Thirty-five year trends, 1966-2001*, Los Angeles CA: Higher Education Ewswarch Institute, UCLA.
Becker, Gary S. (1981) *A Treatise on the Family*, Cambridge, MA: Harvard University Press.
Billari Myrskyla, M. and F. Kohler (2009) "Advances in development of reverse fertility declines", *Nature*, 460(6): pp. 741-743.
Blau, F. D., M. A. Ferber, and A. E. Winkler (1998) *The Economics of Women, Men, and Work 3rd edition,* New Jersey: Prentice Hall.
Blau, F. D., M. A. Ferber, and A. E. Winkler (2013) *The Economics of Women, Men, and Work 7th edition*, Oxford: Oxford

University Press.

Brinton, Mary C. (2016) "Intentions into Actions: Norms as Mechanisms Linking Macro- and Micro-Levels", *American Behavioral Scientist* 60(10): pp.1146-1167.

Brinton, Mary C., and Eunmi Mun (2015) "Between State and Family Managers、Implementation and Evaluation of Parental Leave Policies in Japan", *Social-Economic Review*: pp.1-25.

Coate, Stephen and Glenn Loury (1993) "Will Affirmative-Action Policies Eliminate Negative Stereotypes?" *The American Economic Review*, 83(5): pp.1220-40.

Durand, John D.(1975) *The Labor Force in Economic Development: A Comparison of International Census Data 1946-1966,* New Jersey: Princeton University Press.

Esping-Andersen, Gøsta, and Francesco C. Billari (2015) "Re-Theorizing Family Demographics", *Population and Development Review*, Vol.41, Issue 1: pp.1-31.

Fukuda, Setsuya (2013) "The Changing Role of Women、s Earnings in Marriage Formation in Japan", *Annals of the American Academy of Political and Social Science*, 646: pp.107-128.

Fukuda S. and J. M. Reymo (2018) "Revisiting the Educational Gradient in Women's Marriage in Japan", Unpublished manuscript.

Goldin, Claudia (1990) *Understanding the Gender Gap: An Economic History of American Women*, Oxford: Oxford University Press.

Goldin, Claudia (2006) "The Quiet Revolution that Transformed Women's Employment, Education, and Family", *American Economic Review* 96(2): pp.1-21.

Goldin, Claudia (2014) "A Grand Gender Convergence: Its Last Chapter", *American Economic Review,* 104(4): pp.1091-1119.

Goldin, Claudia, S. P. Kerr, C. Olivetti and E. Barth (2017) "The Expanding Gender Earnings Gap: Evidence from the

LEHD-2000 Census", *American Economic Review*, 107(5): pp.110-114.

Goldscheider, F., E. Bernhardt and T. Lappegard (2015) "The Gender Revolution: A Framework for Understanding Changing Family and Demographic Behavior", *Population and Development Review*, 41(2): pp.207-239.

Hara, Hiromi (2016) "Glass Ceilings or Sticky Floors? An Analysis of the Gender Wage Gap across the Wage Distribution in Japan", RIETI Discussion Paper Series, 16-E-099.

Hamaaki, J. Hori, M., Maeda, S., and Murata, K. (2012) "Changes in the Japanese Employment System in the Two Lost Decades," *ILR Review*, 82(1): pp.336-345.

Hewlett, Sylvia Ann, Laura Sherbin, et al. (2011) *Off-Ramps and On-Ramps Japan*, N.Y: Center for Work-Life Policy.

Higuchi, Y., Jane Waldfogel and Masahiro Abe (1999) "Family leave policies and women's retention after childbirth: Evidence from the United States, Britain, and Japan", *Journal of Population Economics*, 12(4), pp.523-545.

Jacobson, Joyce P. (2013) "The Current Situation and Future Development of Affirmative Action in the United States," a paper presented at the international conference, 30th Anniversary of Korean Womem's Institute.

Kato T. and N. Kodama (2016) "Performance-related Pay and Productivity: Evidence from Japan", RIETI Discussion Paper Series 15-E-088.

Kato Takao, Kawaguchi Daiji, Owan Hideo (2013) "Dynamics of the Gender Gap in the Workplace: An econometric case study of a large Japanese firm", RIETI Discussion Paper Series 13-E-038.

Mincer Jacob (1962) "Labor Force Participation of Married Women." in H. Gregory Lewis ed., *Aspects of Labor Economics*, New Jersey: Princeton University Press.

Mincer, Jacob, and S. Polacheck (1974) "Family Investment in Human Capital: Earnings of Women", *Journal of Political Economy*, 82(2).

Mincer, Jacob, and S. Polacheck (1985) "Inter-country Comparison of Labor Force Trends and of Related Development: An Overview", *Journal of Labor Economics*, 3(1).

McDonald, Peter (2000) "Gender Equity in Theories of Fertility Transition", *Population and Development Review* 26: pp.427-440.

Merton, Robert K. (1968) *Social Theory and Social Structure.* New York: Free Press.

Mun, Eunmi (2016) "Negative Compliance as an Organizational Response to Legal Pressures: The Case of Japanese Equal Employment Opportunity Law", *Social Forces*, 94(4): pp.1409-1437.

Nagase, N., and M. C. Brinton (2017) "The Gender Division of Labor and Second Births: Labor Market Institutions and Fertility in Japan", *Demographic Research*, 36(11): pp.339-370.

OECD (2008) Growing Unequal?: Income Distribution and Poverty in OECD Countries, OECD.

Schwab, Stewart (1986) "Is Statistical Discrimination Efficient?" *American Economic Review*: pp.228-234.

Smith, Ralph E. ed. (1979) *The Subtle Revolution*, Washington D.C.: The Urban Institute.

U.S. Bureau of the Census (1987) "Money Income of Households, Families, and Persons in the United States", *Current Population Reports*, Series p.60, Nos. 156 and 157.

創刊の辞

この叢書は、これまでに放送大学の授業で用いられた印刷教材つまりテキストの一部を、再録する形で作成されたものである。一旦作成されたテキストは、これを用いて同時に放映されるテレビ、ラジオ（一部インターネット）の放送教材が一般に四年間で閉講される関係で、やはり四年間でその使命を終える仕組みになっている。使命を終えたテキストは、それ以後世の中に登場することはない。これでは、あまりにもったいないという声が、近年、大学の内外で起こってきた。というのも放送大学のテキストは、関係する教員がその優れた研究業績を基に時間とエネルギーをかけ、文字通り精魂をこめ執筆したものだからである。これらのテキストの中には、世間で出版業界によって刊行されている新書、叢書の類と比較して遜色のない、否それを凌駕する内容のものが数多あると自負している。本叢書が豊かな文化的教養の書として、多数の読者に迎えられることを切望してやまない。

二〇〇九年二月

放送大学長　石　弘光

放送大学

学びたい人すべてに開かれた
遠隔教育の大学

〒261-8586 千葉市美浜区若葉2-11
Tel: 043-276-5111　Fax: 043-297-2781　www.ouj.ac.jp

大沢　真知子（おおさわ・まちこ）
労働経済学者。社会と個人のあり方の変化や、家族が経済変化によってどのように変わっていくのかを国際比較によって実証研究している。著書に『経済変化と女子労働』(日本経済評論社)、『新しい家族のための経済学』(中央公論新社)、『ワークライフシナジー』、『日本型ワーキングプアの本質』(ともに岩波書店)、『女性はなぜ活躍できないのか』(東洋経済新報社)など。

1952年　東京都生まれ
1980年　南イリノイ大学経済学部博士課程修了
1984年　同大学で経済学博士号を取得
　　　　シカゴ大学ヒューレットフェロー
1986年　ミシガン大学ディアボーン校助教授
1987年　日本労働研究機構研究員
1990年　亜細亜大学助教授
1995年　同大学教授
1996年　日本女子大学人間社会学部教授
2013年　日本女子大学現代女性キャリア研究所所長

シリーズ企画：放送大学

21世紀の女性と仕事

2018年5月30日　第一刷発行
2022年3月30日　第二刷発行

著者　大沢真知子

発行者　小柳学

発行所　株式会社左右社
〒151-0051 東京都渋谷区千駄ヶ谷3-55-12-B1
Tel: 03-5786-6030　Fax: 03-5786-6032
http://www.sayusha.com

装幀　松田行正＋杉本聖士

印刷・製本　創栄図書印刷株式会社

Printed in Japan ISBN978-4-86528-195-8

〈科学の発想〉をたずねて　自然哲学から現代科学まで
橋本毅彦　定価一六一九円＋税〈三刷〉

〈こころ〉で視る・知る・理解する　認知心理学入門
小谷津孝明　定価一六一九円＋税

西部邁の経済思想入門
西部邁　定価一七〇〇円＋税〈四刷〉

学びの心理学　授業をデザインする
秋田喜代美　定価一六〇〇円＋税〈四刷〉

日常生活の探究　ライフスタイルの社会学
大久保孝治　定価一六〇〇円＋税

少年非行　社会はどう処遇しているか
鮎川潤　定価一八〇〇円＋税〈四刷〉

家族と法　比較家族法への招待
大村敦志　定価一八〇〇円＋税

立憲主義について　成立過程と現代
佐藤幸治　定価一八〇〇円+税〈五刷〉

心をめぐるパラダイム　人工知能はいかに可能か
西川泰夫　定価一八〇〇円+税

方丈記と住まいの文学
島内裕子　定価一八〇〇円+税

社会調査　しくみと考えかた
原純輔　定価一八五〇円+税

貨幣・勤労・代理人　経済文明論
坂井素思　定価一八五〇円+税

道徳教育の方法　理論と実践
林泰成　定価一七〇〇円+税

近現代日本の生活経験
中川清　定価二二〇〇円+税

地域教育再生プロジェクト　家庭・学校と地域社会
岡崎友典　定価一七〇〇円＋税

私教育再生　すべての大人にできること
安彦忠彦　定価一六五〇円＋税

日本社会の変動と教育政策　新学力・子どもの貧困・働き方改革
小川正人　定価一八〇〇円＋税〈二刷〉

現代中国　都市と農村の70年
浜口允子　定価一八〇〇円＋税

となりの心理学
星薫　定価一八〇〇円＋税

新・住宅論
難波和彦　定価二五〇〇円＋税

衝突と共存の地中海世界
本村凌二・高山博　定価一七〇〇円＋税

響映する日本文学
島内裕子　定価一八〇〇円＋税

遊環構造デザイン　円い空間が未来をひらく
仙田満　定価二五〇〇円＋税

精神疾患とは何だろうか
石丸昌彦　定価二二〇〇円＋税

パレスチナ問題の展開
高橋和夫　定価二五〇〇円＋税

増補　自己を見つめる
渡邊二郎　定価一八〇〇円＋税

建築を愛するひとの十三章
香山壽夫　定価一七〇〇円＋税

人間発達論
住田正樹　定価二〇〇〇円＋税